Référencement des réseaux sociaux

Des moyens très efficaces pour augmenter la valeur moyenne des commandes de votre boutique Shopify

Par

Claire Richard

Table des matières

1. Introduction : le potentiel de l'augmentation des ventes sur Shopify

   - Comprendre l'importance d'augmenter les ventes pour votre boutique Shopify

   - Avantages d'une croissance élevée des ventes

   - Aperçu des stratégies et tactiques couvertes dans le guide

2. Établir les bases du succès

   - Définir votre public cible et votre niche

   - Optimiser le design et l'expérience utilisateur de votre magasin

   - Établir une identité de marque forte pour votre boutique Shopify

3. Générer du trafic vers votre magasin

   - Explorer différents canaux de marketing pour générer du trafic

   - Mettre en œuvre des stratégies efficaces d'optimisation des moteurs de recherche (SEO)

- Tirer parti du marketing des médias sociaux pour élargir votre portée

4. Convertir les visiteurs en clients

    - Concevoir des pages de produits convaincantes qui génèrent des conversions

    - Mettre en œuvre des stratégies d'appel à l'action (CTA) efficaces

    - Construire la confiance et la crédibilité grâce aux avis et témoignages des clients

5. Maximiser les ventes grâce à la vente incitative et à la vente croisée

    - Comprendre le pouvoir des techniques de vente incitative et croisée

    - Mettre en œuvre des stratégies efficaces de regroupement de produits

    - Utiliser des recommandations personnalisées pour augmenter la valeur moyenne des commandes

6. Fidéliser les clients et encourager les ventes répétées

    - Développer une stratégie de fidélisation de la clientèle

- Mise en œuvre de campagnes de marketing par e-mail et d'automatisation

- Créer des programmes de fidélité et des incitations pour les achats répétés

7. Optimiser le processus de paiement

  - Rationaliser le processus de paiement pour une expérience client fluide

  - Réduire les abandons de panier grâce à des stratégies efficaces

  - Mettre en œuvre des options de paiement sécurisées pour instaurer la confiance

8. Tirer parti des analyses et des données pour la croissance

  - Utiliser les outils d'analyse de Shopify pour suivre et analyser les performances

  - Identifier les indicateurs et informations clés pour optimiser la croissance des ventes

  - Prendre des décisions basées sur les données pour affiner vos stratégies de vente

9. Faire évoluer et étendre votre magasin

- Explorer les opportunités de croissance, telles que l'élargissement de l'offre de produits ou la pénétration de nouveaux marchés

- Adaptez efficacement vos efforts de marketing et votre budget

- Établir des partenariats et des collaborations pour amplifier

1

Introduction

Le potentiel de l'augmentation des ventes sur Shopify

Être capable d'augmenter les ventes sur Shopify peut être une tâche ardue, mais plusieurs stratégies peuvent aider les entreprises à atteindre cet objectif.

Optimisez les performances du site Web. Cela implique de s'assurer que votre site Web est facile à naviguer, qu'il comporte des appels à l'action clairs et qu'il a une conception qui encourage les visiteurs à effectuer un achat. Il est également important de se concentrer sur le trafic mobile, car il s'agit souvent de la principale source de trafic pour la plupart des boutiques Shopify.

Marketing et engagement client : cela inclut l'établissement de relations significatives avec votre public grâce à l'engagement sur les réseaux sociaux, à une publicité efficace et au marketing par e-mail. Il est également important d'attirer des partenaires ou des ambassadeurs de marque pour promouvoir les produits en échange de commissions sur les ventes générées par eux et par le destinataire.

Élargir la gamme de produits. Cela peut inclure l'ajout de nouveaux produits ou services pour compléter les produits existants ou la création de gammes de produits entièrement nouvelles. Il est important de rechercher votre public cible et de vous assurer qu'il existe une demande pour le nouveau produit.

Vente incitative et vente croisée : implique d'offrir aux clients des produits ou des services supplémentaires qui complètent leur achat initial. Créez une identité de marque forte. Cela inclut la création d'une expérience d'achat plus puissante pour les acheteurs, reflétant les cinq étapes du cycle de vie du client de commerce électronique dans l'expérience utilisateur du magasin, et la création d'applications personnalisées. Modifiez s'il n'existe pas de solution appropriée dans l'App Store de Shopify. .

Utilisez une plate-forme de commerce électronique évolutive : Shopify Plus est conçu pour les entreprises à croissance rapide qui souhaitent évoluer et peuvent gérer la croissance, ce qui est formidable. Augmenter les ventes sur Shopify nécessite une combinaison d'optimisation des performances du site Web, de marketing et d'acquisition de clients, d'expansion des gammes de produits, de ventes incitatives et croisées, de création d'une identité de marque forte et d'exploitation de la plateforme. Plateforme de commerce électronique évolutive. En suivant ces stratégies, les entreprises peuvent transformer leur petite entreprise en une réussite florissante.

COMPRENDRE L'IMPORTANCE DE LA MISE À L'ÉCHELLE POUR VOTRE MAGASIN SHOPIFY

Vous avez donc construit votre liste de diffusion, créé du contenu attrayant et faites la promotion de votre marque Shopify sur les réseaux sociaux et les publicités Facebook, mais vous avez toujours du mal à transformer votre entreprise en une entreprise prospère comme vous le savez.

Disons que vous avez un excellent produit. Alors, quelle est la pièce manquante ?

En tant que propriétaire d'une entreprise de commerce électronique, vous comprenez que même si les ventes sont stables, vous devez constamment vous efforcer de vous développer. Il est important de tester et d'itérer en permanence pour trouver de nouvelles façons d'engager et de reconquérir les clients existants.

C'est pourquoi ce guide a été créé. J'examinerai 14 idées pour faire évoluer votre boutique Shopify, y compris des trucs et astuces de fondateurs et de spécialistes du marketing qui sont confrontés à des moments difficiles chaque jour..

1. Améliorez l'UX de votre site Web

Comprendre l'expérience utilisateur permet de savoir où vous vous situez en termes de positionnement et d'avantage concurrentiel. Lors de l'optimisation de votre site Web, tenez compte des facteurs suivants :

Vitesse du site

La vitesse élevée des pages et les performances du site sont les facteurs les plus importants pour le succès du commerce électronique en matière d'optimisation des moteurs de recherche. Augmenter la vitesse de votre site Web est important car cela peut avoir un impact direct sur vos ventes. Comment?

Selon une enquête, jusqu'à 40 % des clients en ligne quitteront un site Web dont le chargement prend plus de trois secondes. Sans oublier que les clients décrivent tout le reste comme une mauvaise expérience.

Non, je ne sais pas. Sérieusement, les clients ne veulent pas attendre que vos pages se chargent, alors effectuez régulièrement des tests pour les optimiser.

Disponibilité

L'accessibilité du site Web est l'un des facteurs les plus importants pour les acheteurs de commerce électronique. Un site Web convivial est essentiel pour offrir une expérience exceptionnelle aux clients, quelles que soient leurs capacités visuelles et physiques. Bien qu'il soit important que votre site Web soit visuellement attrayant sur les ordinateurs de bureau et les appareils mobiles, vous devez vous efforcer de créer un site Web réactif qui fonctionne avec les lecteurs d'écran, les tablettes et d'autres outils. De plus, le contraste des couleurs et la taille du texte doivent réussir les tests de l'Americans with Disabilities Act afin qu'ils puissent être utilisés facilement par toute personne visitant votre site Web.

Conception

Quand je parle de design, je parle de tout, de votre image de marque et de l'UX de votre page produit aux images que vous utilisez pour promouvoir vos produits. Vous devez également réfléchir à l'endroit où ils seront utilisés, à la manière dont ils seront affichés et aux éléments tels que les illustrations, les boutons, les bannières et les fenêtres contextuelles.

…Et le nombre de clics nécessaires pour passer une commande avec succès. En fait, chaque détail compte.

Voici quelques façons dont la conception de votre site Web de commerce électronique a un impact bien plus important sur vos clients que vous ne pouvez l'imaginer :

- Cela affecte l'impression que donne votre marque

- Cela affecte la valeur qu'ils perçoivent dans votre marque

- Cela affecte la façon dont vous interagissez avec votre magasin.

- Cela affecte l'efficacité de vos campagnes publicitaires et marketing

Même les plus petits changements peuvent avoir un impact important sur votre boutique. Par exemple, Sean McGinnis, PDG de KURU Footwear, a déclaré : « Concentrez-vous sur la lisibilité et la clarté. Il y a deux ans, nous avons augmenté la taille de la police de 4 points et obtenu une augmentation significative du CVR.

Mobile dispositifs

Avez-vous déjà essayé de lire une description de produit sur votre téléphone et cela vous a semblé très long ? Ou peut-être que vous essayez d'interagir avec certains éléments d'un site Web, mais que cela ne fonctionne pas parce que les boutons à l'écran sont trop petits pour votre pouce ?

Cela se produit lorsque les entreprises n'optimisent pas leurs sites Web pour les appareils mobiles. Et c'est un excellent moyen de perdre des clients potentiels. Plus de 80 % des acheteurs B2B utilisent désormais leur téléphone pour prendre des décisions. Ils comparent les prix, lisent les avis sur les produits et localisent les magasins à l'aide d'un navigateur mobile ou d'une application pour smartphone.

Par exemple, aux États-Unis, environ 15 % des utilisateurs d'Internet mobile utilisent exclusivement des appareils mobiles, tandis qu'en Chine, au Mexique, en Indonésie et en Inde, ce pourcentage est beaucoup plus élevé. Parce que nous pouvons désormais accéder à Internet de n'importe où, à tout moment et depuis n'importe quel appareil, les détaillants en ligne doivent d'abord s'adapter à la création de produits et services numériques pour les appareils mobiles.

2. Investissez dans l'automatisation du marketing

Ne sous-estimez jamais la nécessité d'une intégration avec les outils d'automatisation du commerce électronique. Il ne faut pas perdre de temps sur des tâches répétitives qui n'ont pas d'impact direct sur les conversions. Avec la capacité de connecter les données et les actions de plus de 180 applications ERP pour le commerce électronique, le marketing et l'exécution des commandes, Alloy est une plate-forme d'automatisation unique qui aide les magasins de commerce électronique à connecter et à renforcer l'ensemble de leur plate-forme technologique.

Jetons un coup d'œil à la créativité de certaines marques en matière d'automatisation du marketing.

A. Proposer des points de fidélité sur la base d'un modèle de tarification par abonnement

De nombreuses marques proposent des services d'abonnement afin d'augmenter les ventes des clients et d'améliorer la fidélisation de la clientèle. Qu'en est-il de la vente incitative au sein de l'abonnement lui-même ? Croyez-moi, ce n'est pas aussi compliqué que vous le pensez. Par exemple, une marque propose à ses clients un abonnement de niveau supérieur en attribuant des points de fidélité en fonction de la valeur monétaire de l'abonnement. Cela aide non seulement avec les nouvelles activations, mais augmente également l'AOV. Voici comment cela fonctionne:

En fonction du plan tarifaire de l'abonnement acheté, les Clients appartiennent à l'une des trois catégories et reçoivent un nombre déterminé de points de fidélité. Plus ils dépensent, plus ils gagnent de points de fidélité. Considérant que la commande moyenne d'un client qui utilise des récompenses de fidélité sur ses achats est 39 % plus élevée que celle d'un client qui ne l'utilise pas, cette hiérarchie contribue à augmenter l'AOV et le pied de rétention.

Les clients One Alloy le font avec Recharge et Yotpo, ainsi lorsqu'un nouvel abonnement est créé, le client reçoit automatiquement un certain nombre de points de fidélité. Par exemple, s'ils dépensent entre 41 $ et 100 $ pour une inscription, ils gagneront plus de points que s'ils ne paient qu'entre 1 $ et 20 $. Découvrez l'exemple de flux de travail ci-dessous !

Que se passe-t-il si un client reçoit un remboursement pour sa commande ou a un problème de facturation avec sa carte de crédit ? Rien.

Si l'abonnement se termine par un remboursement, il existe une démarche supplémentaire pour supprimer les points de fidélité que le client a gagnés pour la commande :

B Ajoutez du matériel promotionnel réel à votre commande

Et si vous pouviez envoyer à vos clients un contenu éducatif avec chaque commande, basé sur les données que vous collectez à leur sujet via un quiz ?

L'amarue le fait avec Alloy, combinant Octane AI, Shopify et ShipBob. Comment ça marche? Dans le quiz sur l'IA de L'amarue Octane, ils posent aux clients des questions détaillées sur l'âge, les problèmes de peau, les objectifs, les zones cibles, etc. A travers ces questions, ils reçoivent des informations précieuses sur leurs clients et sur la manière dont les produits L'amarue peuvent les aider. Parce que chaque problème de peau nécessite un produit spécifique (et une formation sur la façon d'utiliser ce produit), Ande a fourni à ses clients une brochure papier basée sur les problèmes de peau qu'ils ont identifiés. Par exemple, disons qu'un client souhaite traiter l'eczéma. Dans ce cas, L'amarue enverra une brochure avec la commande du client pour l'aider à fournir des conseils et des informations générales complémentaires sur l'eczéma. Cependant, ajouter des brochures papier à chaque commande, notamment celles adaptées aux problèmes de peau d'un client, n'est pas facile sans l'aide d'un outil automatisé. Voici ce que L'amarue a installé avec l'alliage :

Une fois qu'un client a terminé le quiz L'amarue, son profil sera signalé dans Shopify. Il se synchronise ensuite avec ShipBob, où chaque mesure de sécurité est sélectionnée pour les commandes. L'ajout de ces guides à chaque commande montre aux clients que L'amarue se soucie profondément de leurs besoins en matière de soins de la peau.

C. Segmentez vos clients par liste de diffusion à l'aide des balises Shopify

Il est essentiel de maintenir une liste de diffusion propre, vous devez donc classer vos clients en segments.

Non seulement cela vous aide à envoyer du contenu pertinent à chaque type de client, augmentant ainsi les conversions, mais cela améliore également les taux d'ouverture et de clics. Cependant, la segmentation des clients est un processus fastidieux. De nombreuses marques sur Alloy utilisent des flux de travail pour ajouter automatiquement des clients Shopify spécifiques à des listes Klaviyo spécifiques. En créant un flux de travail hebdomadaire qui passe par tous vos nouveaux clients, Alloy analysera des balises spécifiques et placera ces clients sur la bonne liste de diffusion.

3.Optimisez vos commandes

Selon Susie Gonzalez, responsable marketing senior chez ShipperHQ : « Le processus de paiement est complètement rationalisé. Des dates de livraison aux tarifs d'expédition raisonnables en passant par les options pratiques, les clients attendent beaucoup lorsqu'ils arrivent à la caisse. Et les informations d'expédition les amènent souvent à suspendre ou à abandonner complètement leur panier.

Vous souhaitez offrir à vos clients une expérience d'achat fluide, car c'est ce qu'ils souhaitent. Le service signifie simplement une livraison rapide, bon marché et à temps. Il est donc nécessaire d'optimiser le processus de transaction pour répondre aux attentes des clients. Si vous ne le faites pas, votre taux d'abandon de panier sera élevé. Vous pouvez faire certaines choses importantes pour améliorer votre expérience globale de consommateur et augmenter les taux de conversion en améliorant votre expérience de paiement Shopify. Voici quelques-unes des idées de Susie :

Taux de livraison précis. Selon l'Institut Baymard, 48 % des clients abandonnent leur panier car ils constatent des coûts supplémentaires qu'ils ne comprennent pas. Assurez-vous que vos prix d'expédition sont clairs au jour le jour et n'incluent aucun frais caché.

Des offres d'expédition créatives et des frais supplémentaires peuvent s'appliquer. Offrez une incitation aux clients si vous souhaitez qu'ils terminent le processus de paiement. Cette stratégie s'est avérée plus efficace avec des incitations telles que la livraison gratuite pour les commandes dépassant un certain seuil. Vous pouvez également ajouter des réductions en utilisant des codes promo. Transparence et commodité lors de la commande : Les clients souhaitent davantage d'options de livraison en fonction de leur situation. En plus des options de livraison gratuite ou accélérée, pensez à ajouter BOPIS (achat en ligne, retrait en magasin). De cette façon, les acheteurs peuvent ajouter des produits à leur panier en ligne, puis récupérer leur commande directement dans un magasin à proximité sans payer de frais d'expédition.

4.Annoncer un produit mystérieux

Vous pouvez vendre un produit secret en proposant des produits complémentaires. Les produits ou forfaits mystères ajoutent du plaisir et de l'excitation au shopping. Ceux-ci peuvent également vous aider à vendre certains articles plus rapidement, surtout s'ils sont dans votre inventaire depuis trop longtemps.

Chad Ross de Dorsal Bracelets l'utilise lors de la commande. « Le produit mystère est mon préféré. Dorsal offre 50 % de réduction sur le bracelet mystère en tant que module complémentaire du panier, et nous constatons 50 % de réduction sur les commandes ajoutant cette option. Vous pouvez également créer un ensemble mystère en édition limitée pour aider à déplacer des fournitures ou à divertir une foule », dit-il.

5.Jeu de panier d'achat avec barre de progression

Utilisez les notifications d'expédition, les icônes et les barres de progression tout au long du processus de paiement pour montrer aux clients potentiels que vous répondez à leurs attentes.

Lorsque vous utilisez une barre de progression dans votre panier pour rationaliser le processus de paiement, cela permet aux clients de savoir à quel point ils sont proches de la livraison gratuite et d'autres réductions. Cela augmente la valeur moyenne des commandes et aide les clients à économiser de l'argent sur les frais d'expédition.

Selon Brenda Godinez de Sure Wines, GrowLTV a grandement contribué au succès de Sure. Au fur et à mesure que les clients ajoutent des produits, une barre de progression apparaît indiquant qu'ils sont sur le point de bénéficier de la livraison gratuite et de réductions supplémentaires. De plus, il informera les clients qu'ils peuvent recevoir un cadeau gratuit s'ils dépensent un certain montant.

6.Automatisez vos opérations

Se lancer en tant qu'entrepreneur peut être difficile. Lorsqu'il s'agit de vendre en ligne, vous avez de nombreuses responsabilités logistiques. Peu importe les efforts que vous déployez, vous n'aurez jamais assez de temps pour tout faire. Mais vous n'êtes même pas obligé de tout faire vous-même, car la solution pour sortir de ce pétrin est l'automatisation.

Regardons quelques exemples.

A. Créer automatiquement des commandes pour les composants du produit

L'amarue utilise non seulement Alloy pour automatiser ses activités marketing, mais fait également preuve de créativité dans ses applications logistiques. Par exemple, l'un de leurs processus préférés consiste à acheter automatiquement les matériaux nécessaires à la création d'un produit.

Parce qu'Ande et Nicole (co-fondateurs) supervisent et gèrent les processus de fabrication et d'approvisionnement de L'amarue, ils ont réalisé qu'ils passaient beaucoup de temps à commander les bons ingrédients pour chaque produit qu'ils vendaient. De plus, un produit peut contenir environ 25 ingrédients différents, il est donc difficile de suivre tous les ingrédients pour chaque SKU et leurs quantités.

« Nous gérons tous les volumes en fonction de la vitesse de vente de chaque SKU et des différences de consommation d'ingrédients entre les produits. Il est difficile de gérer et de suivre tous les détails, surtout avec une petite équipe », a déclaré Ande. En tant que petite entreprise de seulement deux personnes, ils savaient qu'ils avaient besoin de l'aide d'un outil d'automatisation. Avec Alloy, L'amarue dispose d'une feuille Google comme source de vérité qui répertorie tous les composants dont dispose l'équipe et leurs quantités. S'il y a un élément sur le tableau qui est inférieur à une certaine quantité, Alloy lance le bon de commande en créant une facture dans QuickBooks. Le groupe reçoit en même temps les notifications de commandes.

Le seul travail manuel d'Ande consiste à recevoir les commandes et à les envoyer aux fournisseurs. Selon Ande, le processus semble simple, mais il est long et déroutant : « Il y a une période d'attente entre le moment où les ingrédients sont achetés et celui où ils sont prêts à être utilisés dans l'entrepôt. Ça fait longtemps. Chaque fois que vous prenez du retard, il en déduit davantage. Il est donc important d'être extrêmement précis.

B Optimiser la gestion des commandes fournisseurs

Certaines marques travaillent avec plusieurs fournisseurs pour créer et distribuer des produits. Dans des situations comme celle-ci, contacter chaque fournisseur à chaque fois qu'une nouvelle commande arrive et mettre à jour manuellement toutes les informations correctes de la commande dans une feuille Google peut prendre beaucoup de temps. Je veux dire, peut-être que vous recevez cinq commandes par semaine et ce n'est pas grave, mais que se passe-t-il si vous en recevez des centaines ? Ce processus manuel peut prendre du temps. Et si vous disposiez d'un outil capable de segmenter automatiquement chaque commande par article, de l'ajouter à une feuille Google associée au fournisseur approprié et de demander au fournisseur d'ajouter des informations ?

Vous gagnerez probablement au moins quelques heures chaque semaine. Lorsqu'une marque a demandé ce flux de travail, l'équipe d'Alloy a entrepris de le mettre en œuvre. Essentiellement, Alloy devient un système de gestion des commandes fournisseurs. Comment automatiser cette tâche :

À l'aide des balises de produits, vous pouvez ajouter des informations sur le fournisseur d'un certain produit à chaque produit. En ajoutant un bloc logique répétitif, Alloy vérifiera chaque article de la commande d'un client par rapport à ces balises. Supposons qu'un client achète trois produits. Deux articles proviennent du vendeur A et le dernier article provient du vendeur B. Après avoir examiné chaque article pour les étiquettes de produit, Alloy envoie un e-mail à chaque vendeur.

Pour les deux premiers articles du fournisseur A, Alloy envoie des notifications par e-mail demandant des mises à jour sur les informations de suivi et les quantités disponibles. La même chose se produit avec le fournisseur B, mais il reçoit son propre e-mail contenant des informations sur son produit spécifique.

Grâce à ce flux de travail, les commerçants disposent d'une feuille Google pour chaque 3pl qui est automatiquement mise à jour avec des informations précises, et les commerçants reçoivent des instructions automatisées en temps réel.

C. Envoyer un message Slack en cas de rupture de stock

Une logistique fiable est vitale pour vous et vos clients. Avec l'application Alloy, vous pouvez recevoir des notifications Slack lorsque les stocks sont faibles, afin que vous sachiez qu'il est temps de commander à nouveau certains produits.

Cette automatisation garantira que vous aurez toujours des produits importants en stock pour maintenir votre flux de trésorerie, et les clients ne seront pas déçus lorsqu'ils se connecteront à votre PDP et verront un appel à l'action « en rupture de stock ». ".

7.Utilisez le marketing par e-mail basé sur les données.

Le marketing par e-mail est une excellente approche pour augmenter les conversions, les ventes et la fidélité des clients sur votre boutique Shopify. Le point fort de ce gâteau est qu'il est non seulement bon marché mais aussi relativement facile à préparer.

Et le meilleur ? C'est l'un des meilleurs canaux pour personnaliser la façon dont vous attirez les clients. Grâce à une segmentation intelligente et créative, chaque client peut recevoir un contenu qui répond à ses envies et à ses besoins. Dans cette optique, il existe deux manières d'aborder efficacement le marketing par e-mail…

A. Reflète correctement l'image de la marque.

Pour créer des e-mails de commerce électronique rentables, vous devez savoir qui sont vos acheteurs potentiels. Mais en même temps, vous passez à côté d'opportunités d'établissement de relations si vous n'utilisez pas des images de marque convaincantes pour entrer en contact avec des acheteurs potentiels.

« Un marketing par e-mail convaincant reflète la personnalité de la marque de votre client et son parcours vers la satisfaction », estime Dave Stickland, président de Franklin's Gourmet Popcorn. Plus vous parlez du point de vue du consommateur, plus il est susceptible de vous choisir plutôt que ceux qui ne le font pas. Relâchez ensuite le produit. Valeur de la marque = produit + actifs incorporels.

B. Processus d'abandon de panier spécifique au produit

L'abandon de panier coûte à chaque boutique en ligne à un moment donné, d'autant plus que le taux moyen d'abandon de panier est d'environ 69 %. Que devrais tu faire? Créez des processus de défaillance spécifiques aux produits pour vos 3 ou 4 produits les plus vendus, et tout le monde aura un processus de défaillance commun pour le reste de vos produits.

« C'est le même processus, mais les messages sont spécifiques à un produit spécifique (notamment le premier email). Alors que les thèmes tout-en-un peuvent se concentrer sur les avantages globaux de la marque (tels que la livraison rapide), les thèmes spécifiques aux produits se concentreront sur cela. positionnement du produit et preuves.

8.Investissez dans le contenu éducatif

Le marché en ligne devient de plus en plus compétitif. Créer un centre de ressources demande du temps et de la créativité, mais cela vous permet d'atteindre votre marque en élargissant un public intéressé par ce que vous avez à offrir. Grâce à des messages éducatifs cohérents, vous pouvez encourager ces clients à réaliser une vente. Voici quelques façons dont les marques éduquent leurs clients grâce à un contenu engageant.

A. Recherchez des pages optimisées

Lorsque les clients peuvent trouver ce qu'ils recherchent rapidement et facilement, ils sont plus susceptibles de rester plus longtemps sur votre site et de consulter davantage de pages, ce qui peut améliorer votre classement dans les moteurs de recherche. Alors, gardez à l'esprit d'optimiser votre contenu avec le référencement.

Bloguer est un moyen d'y parvenir, mais une autre idée utilisée par de plus en plus de marques est de créer des pages de destination longues. Ils sont optimisés à l'aide d'un design et d'images pour compléter le texte. Elles sont plus courtes qu'un blog mais plus longues qu'une page de description de produit typique. Voici un exemple de HiSmile. La marque a créé de longues pages de destination pour informer les utilisateurs sur le fonctionnement du blanchiment des dents et sur la manière d'utiliser la gamme de produits HiSmile.

B. Vidéo**contenu**

Créez des vidéos sur vos produits. Utilisez les médias pour informer, éduquer et montrer comment tirer le meilleur parti de votre produit. Les clients sont plus susceptibles d'agir lorsqu'ils trouvent des vidéos faciles à comprendre qui réduisent le temps de formation. Et pendant que nous parlons de HiSmile, la marque crée également une tonne de contenu vidéo éducatif et inspirant. Un exemple est une vidéo de test social dans laquelle l'équipe HiSmile rencontre un groupe de clients qui ont essayé un nouveau produit pour savoir ce qu'ils en pensent.

C. Contenu interactif comme des quiz

Les quiz conçus pour présenter les meilleurs produits pour eux peuvent aider les acheteurs des magasins Shopify à trouver les bons produits. Cela offrira à vos clients une expérience d'achat plus personnalisée. Ceci est un exemple du test de L'Amarue. Les marques utilisent également ces tests dans leurs efforts de marketing numérique. Par exemple, leurs publicités sur Facebook, Instagram et TikTok dirigent les clients vers un quiz au lieu d'une page de destination du produit. Cela les aide à collecter des données client (et éventuellement des e-mails d'inscription) au lieu d'envoyer des milliers de clients vers des pages de produits où ils ne se convertissent pas.

9.Offre la livraison et les retours gratuits avec un abonnement annuel.

La livraison gratuite liée aux programmes d'adhésion est l'une des stratégies marketing les plus efficaces pour les détaillants en ligne. Offrir aux clients la livraison gratuite lorsqu'ils souscrivent à un abonnement est une excellente stratégie pour les inciter à revenir dans votre boutique Shopify. ASOS le fait en l'appelant « Livraison Premium ». Pour 9,95 £ par an, les clients bénéficient d'une livraison illimitée le lendemain pour les commandes supérieures à 10 £ toute l'année et de réductions exclusives. Ils ont même un tableau comparatif montrant aux clients combien ils économisent en achetant une expédition de première classe.

dix.Ajoutez un système de capture d'e-mails à votre site Web

L'utilisation d'outils de collecte d'e-mails sur votre site Web vous aidera à créer des listes de prospects et de clients que vous pourrez cibler ou remarketer. Une façon d'amener les clients à vous donner leur adresse e-mail est d'instaurer la confiance. Présentez des offres très ciblées ou quelque chose de valeur que votre public cible appréciera en échange d'informations. Par exemple, l'utilisation de fenêtres contextuelles ne vous offre pas seulement un pourcentage de remise. Au lieu des remises traditionnelles par courrier électronique, envisagez différentes choses comme des cadeaux et des cadeaux avec votre première commande. Satchel and Page, une marque qui vend des accessoires en cuir de haute qualité faits à la main, a lancé une pop-up proposant un petit produit gratuit à chaque achat, comme une étiquette de bagage ou un conditionneur pour cuir. L'équipe a testé ce pop-up avec la possibilité de recevoir une carte-cadeau de 250 $ toutes les deux semaines. Après avoir testé ces deux options, la fenêtre contextuelle de 250 $ est clairement la gagnante.

11. Créez une page de destination pertinente pour votre public

Pensez à quoi ressemblerait votre boutique si vous pouviez convertir 8 % de votre trafic actuel...

Il est important que votre page de destination soit adaptée à vos visiteurs afin de tirer le meilleur parti de votre trafic. Lors de la création d'une page de destination Shopify, assurez-vous qu'elle correspond à l'annonce ou au lien qui dirige les utilisateurs vers cette page. N'oubliez pas de rester simple : laissez la marque pour plus tard. Essentiellement, au lieu d'envoyer tous ceux qui cliquent sur votre annonce vers la même page de destination, créez 4 à 5 variantes de votre page de destination avec des conceptions, des images et des messages qui correspondent au type de personne que vous ciblez.

12.Optimisez votre tarification

La tarification est l'un des moyens les plus importants par lesquels les entreprises en ligne communiquent avec leurs clients. Malheureusement, l'optimisation des prix se situe souvent à l'arrière-plan d'un plan d'affaires, mais si elle est prioritaire, elle peut débloquer une multitude de revenus potentiels. Les méthodes répertoriées ci-dessous vous aideront à optimiser les prix de vos produits sur Shopify.

- Surveillez la volonté de payer (CAP) de vos clients et utilisez-la pour fixer les prix.

- Recherchez les stratégies de prix des concurrents.

- Pour toucher chaque groupe de clientèle, proposez une variété de produits à des prix différents.

- Prévoyez quels segments de clientèle partiront après une augmentation de prix grâce à l'analyse prédictive.

13. **Encouragez les clients à partager le contenu généré par les utilisateurs**

En activant les éléments de preuve sociale dans votre boutique Shopify, vous récompensez les clients qui partagent du contenu généré par les utilisateurs et encouragez davantage de membres à participer.

« Nous aimons encourager et inviter les clients à publier nos histoires sur leur Instagram », a déclaré Braxton Manley, co-fondateur de Braxley Bands. L'utilisateur moyen obtient plus de 250 vues d'histoires, et nous pouvons republier n'importe quelle histoire dans laquelle nous sommes identifiés. De plus, les gens souhaitent partager leur groupe pour la journée et nous leur offrons une réduction sur leur prochain achat.

En fournissant aux clients des codes de réduction pour le contenu partagé généré par les utilisateurs, l'équipe de Braxley Bands a atteint la dernière étape du parcours client : essentiellement, la vente donne aux clients une raison de revenir et de faire leurs achats à nouveau, et ils peuvent continuer à partager leurs groupes préférés. sur les réseaux sociaux pour obtenir plus d'avantages.

C'est comme le marketing de micro-influenceur et le marketing de bouche à oreille de niveau supérieur.

14.Avoir un produit à perte

Les produits d'appel à perte sont des produits vendus à perte (au détriment de la marque) afin d'attirer plus de clients et de les encourager à visiter votre magasin. Madhu Sharoff, co-fondateur de Kimbala, explique pourquoi il utilise l'indicateur de perte :

« Un produit d'appel montre clairement qu'en tant que marque, vous avez éliminé le risque que les clients essaient quelque chose de nouveau ou attirent des clients fidèles parce qu'ils ont aimé l'offre la première fois. La valeur et la commodité sont des facteurs de conversion importants offerts par un produit d'appel ! Le potentiel de la marque est que les clients ajouteront d'autres produits au panier et se convertiront si la sélection de produits complémentaires est bien configurée (avec de bonnes marges) et que le processus post-achat est solide.

Cependant, il convient de faire preuve de prudence lors de la mise en œuvre d'un programme d'appel à perte. Vous ne voulez pas que les clients attendent une vente avant d'acheter chez vous. Voici comment Madhu suggère de l'éviter :

« Profitez du programme de récompenses. Lorsqu'un client bénéficie d'une remise ou lorsqu'une remise est offerte en tant que remise « membres uniquement », le produit réduit reste à la même valeur. Cela permet d'éliminer l'idée selon laquelle les prix plus bas sont dus à des produits moins chers.

AVANTAGES D'UNE CROISSANCE ÉLEVÉE DES VENTES

Atteindre une croissance élevée des ventes sur votre boutique Shopify offre plusieurs avantages :

Augmentez vos revenus. Des ventes plus élevées se traduisent directement par une augmentation des revenus, ce qui peut conduire à une augmentation des bénéfices et à la pérennité de l'entreprise.

La trésorerie s'est améliorée. Plus de ventes signifie plus d'argent entrant dans l'entreprise, ce qui offre une plus grande flexibilité financière.

Capacité d'extension. Une forte croissance des revenus peut vous permettre d'élargir votre offre de produits, de pénétrer de nouveaux marchés ou même d'ouvrir des magasins de vente au détail physiques.

Augmenter la notoriété de la marque. Une boutique Shopify prospère peut vous aider à établir une forte présence de marque et à attirer plus de clients grâce au bouche à oreille et à la preuve sociale.**Économies d'échelle**. En vendant plus, vous pouvez négocier de meilleures conditions avec les fournisseurs et réduire les coûts unitaires, augmentant ainsi vos bénéfices.

Attractivité des investissements. Une croissance élevée des revenus peut rendre votre entreprise plus attrayante pour les investisseurs et prêteurs potentiels.

Avantage compétitif: Surclasser vos concurrents peut vous donner un avantage concurrentiel et vous aider à devenir un leader dans votre secteur.

Analyse des données:L'augmentation des ventes fournira plus de données à analyser, vous aidant à prendre des décisions éclairées et à optimiser votre stratégie produit et marketing.

Élargir la clientèle. Une clientèle croissante signifie de plus grandes opportunités de ventes répétées, de ventes croisées et de ventes incitatives.

Évaluation commerciale: Une boutique Shopify prospère avec une forte croissance des ventes peut recevoir une valorisation plus élevée, ce qui peut être bénéfique pour les stratégies de sortie telles que la vente de l'entreprise. Il est important de maintenir un équilibre entre croissance et durabilité pour répondre à la demande croissante et maintenir la qualité des produits et les normes de service client.

APERÇU DES STRATÉGIES ET TACTIQUES COUVERTES DANS LE GUIDE

Qu'est-ce que Shopify ?

Shopify est une plateforme commerciale complète qui permet à quiconque de démarrer, développer, gérer et faire évoluer une entreprise. Il permet aux entreprises de créer une boutique en ligne, de commercialiser leurs produits auprès des clients et d'accepter des paiements sur plusieurs canaux et emplacements de vente, le tout en un seul endroit.

L'expertise et le leadership de Shopify en matière de commerce reposent sur les expériences de millions de propriétaires d'entreprises utilisant la plateforme. Les succès de ces entreprises, qu'il s'agisse de solopreneurs ou de marques d'entreprise, permettent à Shopify de créer les fonctionnalités et les produits appropriés pour propulser les entreprises d'aujourd'hui et contribuer à façonner l'avenir.l'avenir du commerce.

Shopify propose une variété de stratégies et de tactiques pour aider les entreprises à se développer et à réussir. Voici un aperçu de certaines des stratégies et tactiques clés couvertes dans les guides Shopify :

Stratégie d'entreprise

- ☐ Guide la façon dont une entreprise prévoit de croître

- ☐ Demande aux équipes de développer de nouveaux produits, de cibler de nouveaux clients ou de rechercher des entreprises à acquérir

- ☐ Comprend des tactiques pour la mise en œuvre de la stratégie, telles que la tarification des produits, la stratégie marketing, l'embauche et la croissance.

- ☐ Fournit aux employés suffisamment d'informations pour guider leur travail

Stratégie de marketing

- ☐ Aide à créer un plan organisé pour répondre aux besoins des clients

- ☐ Aide à décider du prix des produits et des tactiques de marketing

- ☐ Comprend des tactiques telles que la recherche, la tarification des produits, les ventes et les promotions, ainsi que le développement de contenu.

- ☐ Fixe des objectifs spécifiques et quantifiables pour chaque initiative marketing

Plateforme Shopify

- ☐ Permet aux entreprises de créer une boutique en ligne, de commercialiser auprès des clients et d'accepter des paiements sur plusieurs canaux et emplacements de vente.

- ☐ Fournit un accès aux API Shopify et aux outils de développement pour personnaliser les fonctionnalités du magasin

☐ Propose des produits et services supplémentaires, tels que des fonctionnalités de merchandising et de commerce électronique international.

Configuration de la boutique en ligne

☐ Ajoute des produits au magasin

☐ Choisit un thème avec des fonctionnalités intégrées ou ajoute des fonctionnalités supplémentaires avec des applications Shopify gratuites et payantes

☐ Crée des achats en ligne dans divers endroits pour rencontrer les clients là où ils se trouvent

☐ Met en place des systèmes et des outils pour personnaliser le parcours d'achat

Les guides Shopify offrent une multitude d'informations et de ressources pour aider les entreprises à réussir. En examinant et en mettant régulièrement à jour leurs stratégies, les entreprises peuvent rester agiles et suivre les évolutions du marché.

2

Établir les bases du succès

Ddéfinir votre public cible et votre niche

L'identification du public cible et du segment de marché de votre boutique Shopify implique deux étapes principales : l'identification de votre public cible et le choix de votre segment de marché. Voici quelques stratégies qui peuvent vous aider étape par étape :

Identifier le groupe cible :

- ☐ Soyez pleinement conscient de vos produits et de ceux qui peuvent en bénéficier.

- ☐ Examinez les profils clients existants et effectuez des recherches d'audience.

- ☐ Allez plus loin que la démographie et explorez la psychographie.

- ☐ Créez vos principaux segments de public cible.

- ☐ Découvrez vos concurrents et leur clientèle.

Sélectionnez le segment de marché :

- ☐ Assurez-vous que votre niche est adaptée au numérique.

- ☐ Suivez les dernières tendances.

- ☐ Utilisez vos préférences.

- ☐ Découvrez vos concurrents.

- ☐ Recherchez un produit que vous aimez.

- ☐ Trouvez quelque chose qui satisfait votre culpabilité et vos autres obsessions.

- ☐ Créer des produits de solution.

En identifiant votre public cible et vos segments de niche, vous pouvez développer des campagnes marketing ciblées pour engager vos clients plus efficacement. Cette approche vous permet d'établir des liens profonds avec la communauté et d'acquérir un avantage concurrentiel par rapport aux entreprises opérant sur un marché plus large.

Pourquoi est-il important de savoir comment toucher votre public cible ?

Il est important de savoir qui est votre public cible. Cependant, si vous ne savez pas comment les atteindre, il vous sera difficile de leur présenter votre marque et vos produits.

Savoir comment atteindre votre public cible est important car :

Cela vous aide à commercialiser plus intelligemment : comprendre ce qui fonctionne et ce qui ne fonctionne pas peut vous aider à investir dans des campagnes efficaces et à éviter l'échec. Cela a des implications pour le développement de produits : identifier les obstacles et les aspirations rencontrés par différents publics cibles peut aider à développer et à tester des produits pertinents et faciles à comprendre.

Cela augmente les revenus : le marketing ciblé vous permet de vous concentrer sur les activités et les segments d'audience qui génèrent le plus de revenus, ou vous permet d'analyser pourquoi d'autres segments ne convertissent pas. Comment atteindre votre groupe cible :

8 stratégies efficaces

Prêt à toucher votre public cible ? Voici les étapes pour commencer.

- ☐ Identifiez votre groupe cible
- ☐ Découvrez où votre audience est active
- ☐ Créer du contenu pertinent
- ☐ Utiliser de la publicité ciblée
- ☐ Travailler avec des influenceurs

☐ Créer un programme de parrainage

☐ Utilisez des hashtags sur les réseaux sociaux

☐ Restez connecté avec votre public

1.Identifiez votre groupe cible

Tout d'abord, avant de pouvoir les contacter, vous devez savoir qui vous ciblez. Identifiez votre groupe cible :

Soyez pleinement conscient de vos produits et de ceux qui peuvent en bénéficier.

Examinez les profils clients actuels et effectuez des recherches d'audience.

Regardez au-delà des données démographiques et des tests psychographiques.

Créer des segments de public cible clés

Recherchez vos concurrents et leur clientèle

Comprendre qui est votre public cible aura un impact sur tous les autres éléments de votre stratégie marketing.

2. Découvrez où votre audience est active

Une fois que vous avez identifié votre public cible, il est temps de découvrir où il passe son temps en ligne et comment il préfère interagir avec les marques. Passent-ils la plupart de leur temps sur Instagram ? Préfèrent-ils les publications de l'industrie aux blogs d'entreprise ? Comprendre où votre public cible est le plus actif en ligne (et hors ligne) vous aidera à transmettre votre message sur les bonnes plateformes.

3. Créer du contenu pertinent

Le contenu est le message que vous envoyez à votre public cible. Essayez de comprendre leurs besoins et leurs défis uniques, puis créez du contenu qui les intéresse. Envisagez de créer des articles de blog, des newsletters par e-mail, du contenu sur les réseaux sociaux, des publicités, des vidéos et d'autres contenus pouvant être partagés avec les communautés concernées et utilisez les données pour créer davantage de contenu qui attire votre public cible.

4.Utiliser de la publicité ciblée

« Construisez-le et ils viendront » n'est pas toujours vrai, surtout pour les nouveaux acheteurs.

Utilisez des campagnes publicitaires ciblées pour atteindre votre public sur les plateformes sur lesquelles il est actif. Google Ads et la publicité sur les réseaux sociaux offrent des options de ciblage avancées pour vous aider à toucher les bonnes personnes. Vous pouvez cibler vos campagnes en fonction d'une variété de caractéristiques et de comportements d'audience, notamment l'âge, l'emplacement, les intérêts en ligne, l'étape de la vie, l'intitulé du poste et les revenus. Cela garantira que vos annonces ne seront diffusées qu'aux personnes les plus susceptibles d'être intéressées par votre marque et vos produits.

Roman Originals utilise la publicité Instagram pour toucher les personnes intéressées par les vêtements pour femmes qui voyagent et vivent fréquemment au Royaume-Uni.

5.Travailler avec des influenceurs

Le marketing d'influence implique de travailler avec des personnes qui ont établi une réputation dans un créneau spécifique et avec la communauté qui dessert ce créneau. Les influenceurs créent du contenu pour leurs chaînes, font la promotion de votre marque et vous aident ainsi à augmenter vos ventes.

Associez-vous aux influenceurs dont vous souhaitez atteindre le public, créez le contenu qui représente le mieux votre marque et tirez parti de la confiance précédemment établie des influenceurs pour attirer leur public vers votre propre site Web et votre propre plateforme.

6.Créer un programme de parrainage

Les programmes de parrainage encouragent les clients actuels à recommander vos produits à leurs amis et à leur famille. des personnes qui peuvent avoir des désirs, des besoins et des caractéristiques similaires.

Une étude ancienne mais essentielle de Nielson montre que les recommandations de la famille et des amis constituent la forme de publicité la plus fiable et encouragent les clients satisfaits en proposant des remboursements, des remises futures et que les produits gratuits sont un excellent moyen de nouer des relations plus solides avec vos clients existants.

7.Utilisez des hashtags sur les réseaux sociaux.

Les bons hashtags sur les plateformes de médias sociaux comme Instagram et TikTok peuvent augmenter votre portée et engager votre public cible. Trouvez des hashtags populaires dans votre secteur et incluez-les dans vos publications sur les réseaux sociaux. Cela garantira que vous apparaissez dans les flux des personnes qui recherchent activement ce hashtag et le contenu associé.

8.Restez connecté avec votre public

Une fois que vous avez réussi à établir une connexion avec vos clients cibles, la dernière chose que vous voulez faire est de les laisser en suspens ou de disparaître complètement. Restez en contact avec les personnes avec lesquelles vous communiquez en les invitant à s'inscrire à votre newsletter, en leur envoyant régulièrement des e-mails et en continuant à interagir avec elles sur vos réseaux sociaux préférés.

OPTIMISER LE DESIGN ET L'EXPÉRIENCE UTILISATEUR DE VOTRE MAGASIN

Il est important d'optimiser la conception et l'expérience utilisateur de votre boutique Shopify pour que les clients puissent acheter chez vous. Une boutique Shopify réussie doit se concentrer également sur les produits, le marketing, la publicité et la conception du magasin. Voici quelques conseils et astuces pour vous aider à améliorer la conception et la convivialité de votre boutique Shopify :

1. Mettez la fonction en premier. Les utilisateurs s'attendent à ce que les sites Web se chargent rapidement, et un site Web lent peut entraîner des taux de rebond élevés et une baisse des conversions. Optimisez les performances de votre boutique Shopify en minimisant la taille des images, en utilisant des techniques de mise en cache et en optimisant le code pour garantir un chargement rapide des pages. Surveillez et optimisez régulièrement la vitesse de votre boutique pour garantir une expérience de navigation fluide.

2. Aidez les clients à consulter et à acheter facilement. Facilitez la navigation dans votre magasin et permettez aux clients de trouver plus facilement ce qu'ils recherchent. Utilisez des descriptions et des images de produits claires et concises, en vous concentrant sur la manière dont le produit aidera les gens dans leur vie.

3. Choisissez judicieusement votre palette de couleurs. Utilisez des couleurs qui complètent votre marque et créez un magasin visuellement attrayant. Évitez d'utiliser trop de couleurs car cela peut être accablant et distrayant.

4. Optimisez le contenu affiché à l'écran. La page d'accueil est la première impression qu'un client a de votre boutique, alors rendez-la importante. Utilisez des scènes intéressantes pour engager émotionnellement les visiteurs et les aider à trouver plus facilement ce qu'ils recherchent.

5. Tirez parti d'une conception axée sur le mobile. Le mobile génère plus de trafic que le bureau, donc si vous

voulez vraiment réussir, une conception axée sur le mobile est primordiale. Assurez-vous que votre boutique est optimisée pour les appareils mobiles et offre une excellente expérience utilisateur.

6.Évaluez régulièrement votreles performances de notre site Web, restez au courant des tendances en matière de conception et affinez vos conceptions en fonction des commentaires des utilisateurs pour améliorer continuellement l'expérience utilisateur et stimuler la croissance de votre entreprise.

7. Il est préférable d'embaucher un concepteur de commerce électronique qui connaît les meilleures pratiques de conception de boutique Shopify. Ils vous aideront à trouver l'équilibre parfait entre votre vision, votre budget et les préférences de vos clients, tout en créant une boutique en ligne visuellement attrayante, conviviale et orientée conversion. En intégrant ces conseils et bonnes pratiques dans la conception de votre

boutique Shopify, vous pouvez créer une boutique en ligne visuellement attrayante, conviviale et axée sur la conversion qui attire les clients, renforce la confiance et augmente les ventes.

Qu'est-ce que l'UX du commerce électronique ? L'expérience utilisateur (UX) dans le commerce électronique est la pratique consistant à créer une expérience d'achat fluide et agréable pour les clients dans une boutique en ligne. Cela comprend le développement du site Web, l'optimisation des fonctionnalités de navigation et de recherche, ainsi que l'optimisation du processus de paiement pour anticiper et répondre aux besoins des clients, dans le but ultime d'accroître les interactions et de renforcer la confiance. Bien que la conception de sites Web joue un rôle important dans l'UX, il y a quelques éléments à considérer :

La page se charge-t-elle rapidement ?

Vos menus de navigation sont-ils organisés de manière stratégique ? Est-il conforme aux normes d'accessibilité ?

Les utilisateurs obtiennent-ils ce qu'ils attendent à chaque clic ? L'UX sur mobile est-elle aussi fluide que sur ordinateur ?

Le texte est-il simple, précis et clair ? Y a-t-il des étapes inutiles dans ce processus qui pourraient être éliminées ?

L'Ecommerce UX a des priorités car son objectif est d'attirer un grand nombre de visiteurs dans votre boutique en ligne pour effectuer des achats, de préférence sans aucune assistance et avec un minimum d'effort. Selon Daniel Patricio de Bull and Cleaver, une société de commerce électronique qui vend du biltong sud-africain (un type de viande séchée), la plus grande idée fausse à propos de l'UX dans les magasins en ligne est que l'expérience utilisateur commence.

« Votre page d'accueil n'est peut-être pas le point de départ des clients », dit-il. « Ils peuvent se retrouver sur une page produit, un article de blog, etc. Pour Bull and Cleaver, les deux pages les plus visitées de notre site sont : 1) un article de blog sur les différences entre le biltong et le bœuf séché et 2) la page produit. est en fait la page de destination de certaines de nos annonces, cette page convertit beaucoup plus que la page produit ou la page d'accueil.

Étant donné que votre objectif lors de la conception d'un site de commerce électronique est de minimiser les frictions et de servir des utilisateurs diversifiés, ces principes peuvent aider à créer une expérience utilisateur positive et à faciliter davantage le partage du parcours client.

Meilleures pratiques UX de commerce électronique à retenir (et mauvaises pratiques UX à éviter)

L'amélioration de l'expérience utilisateur dans le commerce électronique commence par l'utilisateur, puis par l'expérience utilisateur. Une chose à garder à l'esprit : tous les utilisateurs ne sont pas créés égaux. Ils auront des besoins (et des problèmes) différents à différentes étapes, consulteront des informations sur différents appareils, paieront de différentes manières, proviendront de différentes campagnes marketing, effectueront des achats sur différents canaux de vente, etc.

Mais au final, vous obtenez le même résultat : vous voulez qu'ils achètent votre produit.

Prioriser les fonctionnalités en premier

Voici la vérité : certaines de ces superbes boutiques en ligne peuvent également être parmi les moins converties, car des fonctionnalités flashy distraient les utilisateurs et ralentissent le site. Même les tendances de conception populaires peuvent devenir des exemples de « mauvaise

UX » lorsqu'elles détournent l'attention de l'objectif ultime d'augmenter les conversions :

Le défilement parallaxe peut être gênant s'il est utilisé inutilement.

Les curseurs d'image automatiques peuvent être lents à charger, difficiles à lire et ne fonctionnent souvent pas bien comme appels à l'action.

Les boutons fantômes portent bien leur nom, ils semblent souvent impossibles à cliquer et passent inaperçus. Les arrière-plans vidéo peuvent être distrayants et augmenter les temps de chargement, ralentissant ainsi votre site.

« De manière générale, soyez prudent avec les fonctionnalités puissantes. Les gens créent de superbes sites Web et reçoivent ensuite un programme Zapwork pour ajouter uniquement quelque chose pour le casser. Le curseur d'image est le pire coupable ", a déclaré Patricio. "J'ai vu une fois une belle boutique en ligne dans laquelle quelqu'un a mis ce curseur d'image apparemment normal, ce qui a ralenti la page car il a provoqué le redessinage de la page après le chargement et a ajouté du code JavaScript inutile. " La vitesse est une fonctionnalité et la clé des conversions. Ces fonctionnalités de conception ne sont pas mauvaises en soi. Le danger est de les mettre en œuvre avec un développeur moins expérimenté, ce qui ralentit l'exploration de votre site. " Selon Patricio, il y a un moment et un lieu pour ces incontournables, mais les sites de commerce électronique devraient se concentrer sur les incontournables fonctionnels. Certains des meilleurs sites de commerce électronique, comme Allbirds, permettent à leur image de marque de photo de servir de support. fonction marketing tout en rendant les fonctionnalités du site faciles à utiliser.

Créez un entonnoir de vente, pas un site Web

L'un des objectifs de l'UX du commerce électronique est de fournir la meilleure expérience en libre-service possible afin de réduire les taux de rebond, les tickets d'assistance et les abandons de panier. Pour ce faire, différents contextes utilisateurs doivent être pris en compte. Certains d'entre eux peuvent être des abonnés qui tentent d'en savoir plus sur votre marque via votre page À propos de nous. D'autres peuvent être des clients récents et recherchent des informations sur votre politique de retour (ils les rechercheront probablement dans le pied de page de votre site par habitude).

Cependant, de nombreux sites de commerce électronique donneront la priorité aux utilisateurs visitant votre site pour la première fois via la publicité, le référencement (optimisation des moteurs de recherche) et d'autres canaux de marketing évolutifs. Patricio estime que ce qui différencie les vendeurs débutants des vendeurs expérimentés est leur perception de l'UX du commerce électronique :

Les vendeurs qui débutent conçoivent souvent leur page d'accueil et leurs pages de produits, puis réfléchissent à la manière dont ils peuvent générer du trafic vers elles via la publicité, le courrier électronique, le référencement, etc.

Les commerçants expérimentés qui créent des entonnoirs de vente commencent d'abord par les canaux et les campagnes, puis conçoivent l'expérience en fonction du point de départ de l'utilisateur. « L'une des meilleures façons d'utiliser l'UX du commerce électronique pour augmenter les conversions est d'utiliser un entonnoir de vente. Faites du référencement », a déclaré Patricio. « Avant de toucher votre site Internet, demandez qui nous recherche ? Que cherchent-ils? De quel contenu ont-ils besoin ? Quelle est l'expérience utilisateur de ce contenu ? Quelles sont les impressions des utilisateurs sur son apparence dans la recherche Google (titres et méta descriptions) ? Comment fixe-t-il les attentes concernant ce qu'ils font ? Où cela mènera-t-il à des achats ?

Un autre exemple courant d'entonnoir de vente de base est celui des publicités sur les réseaux sociaux et des pages de destination renvoyant à la page détaillée du produit. Cela ne suppose pas que l'utilisateur ait visité la page d'accueil et connaisse quoi que ce soit sur la marque.

Il place l'appel à l'action et le prix au premier plan, ce qui permet aux utilisateurs fidèles d'effectuer plus facilement un achat sur le site.

Justifie le prix plus élevé avec différentes fonctionnalités et cas d'utilisation au fur et à mesure que l'utilisateur fait défiler (souvent, plus le produit est technique ou premium, plus vous devez éduquer l'utilisateur)

Il inclut une preuve sociale à la fin sous la forme d'avis clients

Il se termine par la recommandation de produits supplémentaires

Commencez par une copie centrée sur l'utilisateur, puis concevez

La lecture est très similaire à la respiration. Vous n'y pensez probablement pas pendant que vous le faites - à moins que quelque chose ne vous complique la tâche ou n'attire votre attention sur cela (comme cette phrase).

C'est ce que les utilisateurs perçoivent lorsqu'il s'agit d'une bonne copie, et c'est pourquoi il est préférable de commencer par la copie avant de commencer à concevoir ou même à choisir un thème pour votre site Web.

Une copie possible :

Définissez les attentes avant de cliquer et vous répondrez en cliquant sur l'utilisateur

Donnez des panneaux via des liens et une connectivité pour agir et guider les utilisateurs vers où ils veulent et où vous souhaitez partir.

Ils fournissent ou répètent le contexte qui peut être disponible à ce stade ou sans marque.

Exprimez la voix des clients qui résonnent avec eux

Reportez rapidement les informations principales aux utilisateurs

Cependant, avant de commencer à écrire, vous devez comprendre votre utilisateur et ses objectifs. Ne faites pas de recherche sur les utilisateurs pour trouver leur contexte, votre copie manquera sa trace. Cela dit, examinons le rôle que joue le texte dans le marketing et la conception de sites Web pour créer une UX cohérente.

Pour votre commercialisation

Dans le cas du commerce électronique, le marketing UX peut souvent être considéré comme la première étape du parcours utilisateur. Une façon d'entrer dans l'esprit de l'utilisateur est de savoir si votre marketing capte l'attention ou l'intention :

Attirer l'attention. Les utilisateurs parcourent passivement votre site et ne recherchent pas ce que vous avez à offrir, mais si vous pouvez les en informer, peut-être via une publicité vidéo ou une publication sur les réseaux sociaux, vous pouvez susciter leur intérêt. Vous pouvez utiliser la segmentation et le ciblage d'audience pour vous concentrer sur les utilisateurs présentant des caractéristiques spécifiques qui indiquent qu'ils sont prêts à recevoir votre offre.

Capturez l'intention. Les utilisateurs recherchent activement sur le marché ce que vous pouvez leur proposer. Cette intention se reflète dans les requêtes qu'ils saisissent dans les moteurs de recherche. Vous pouvez utiliser la recherche de mots clés pour mieux comprendre cette intention et y adapter le contenu ou le référencement de votre site Web.

De même, vous pouvez configurer une hiérarchie de texte, en utilisant la taille et le contraste du texte pour attirer l'attention sur les informations dans l'ordre souhaité, et définir les attentes pour la deuxième page du clic avec un texte d'appel à l'action (Ruffwear utilise « Acheter maintenant » pour vous amène à la page de collection de vestes pour chiens). Dans les moteurs de recherche Rufrewear, Google Winter Dog Jacket apparaît et trouve le site Web des chiens d'hiver. Faites attention à la façon dont le titre de la page est similaire à la recherche et aux mots-clés qui y sont associés dans les produits Meta-dscration, gras ? En effet, le référencement de la page est optimisé en fonction de l'intention de cette requête.

Plus vous êtes pertinent par rapport à l'intention de recherche d'un utilisateur, plus vous avez de chances d'apparaître dans les résultats de recherche pertinents. Il est très probable que les utilisateurs cliquent sur les résultats de recherche, qu'il s'agisse d'un avis de blog, pour obtenir des informations sur leurs intentions dans les moteurs de recherche tels que Google et Bing ou une liste de produits affichés. Pour l'intention des transactions d'échanger sur des marchés comme Amazon et Etsy.

Pour votre site e-commerce

"Je suis au bon endroit ?"

Même sans y penser, c'est la première question que se posent les utilisateurs après chaque clic.

Dans une expérience utilisateur cohérente, la copie définit les attentes et répond à ces attentes à chaque étape :

Les libellés et la structure de vos menus de navigation (Accueil, Boutique, A propos, etc.)

Texte d'ancrage que vous utilisez lorsque vous créez un lien hypertexte dans des articles de blog (comme « comment créer une boutique en lignc »)

Copie du bouton qui communique l'action associée au clic (« En savoir plus » ou « Réclamez un cadeau gratuit »)

Copie au-dessus de la ligne de flottaison sur une page de destination qui ressemblait à la copie de l'annonce sur laquelle ils ont cliqué, obligeant l'utilisateur à faire défiler la page

Détails du produit sur chaque page produit (caractéristiques, conversions de tailles, délais d'expédition, variantes, options, etc.) qui aident l'utilisateur à comprendre tout ce qu'il « ajoute au panier »

Ne sous-estimez jamais la différence qu'un seul mot ou une seule phrase peut apporter à l'expérience utilisateur.

La copie au-dessus de la ligne de flottaison sur votre page de destination, par exemple, peut communiquer succinctement votre proposition de vente unique et vos informations clés, de sorte que, que l'utilisateur fasse défiler ou rebondisse, vous avez laissé la bonne impression. Prenons cet exemple de la page d'accueil Molekule. Dans les 10 secondes qui suivent l'atterrissage et avant de rouler, qu'apprenez-vous sur la marque ? Vendre des purificateurs d'air

Il y a des récompenses pour ses produits

Son produit diffère des purificateurs d'air par la simple collecte des polluants.

A une note de 4 étoiles ou plus.

Ses produits coûtent entre 650 $ et 1 300 $.

Les produits de la société sont remboursables à 100 % et sont accompagnés d'un essai de 30 jours.

Il dispose de sa propre technologie appelée PECO.

Tout cela est fait en tirant le meilleur parti de cet espace et en prédisant ce que les utilisateurs doivent savoir.

Découvrez d'où viennent vos utilisateurs, qui ils sont, ce qu'ils recherchent, ce qu'ils savent, quelles sont leurs prochaines étapes potentielles et comment vous pouvez simplifier ces étapes et vous pourrez prioriser ce que vous voulez. dit le texte. quand et où dans l'environnement de l'utilisateur. Si vous faites cela, vous pouvez choisir un thème de boutique en ligne ou le personnaliser afin que votre site Web fonctionne pour vos utilisateurs au lieu de limiter leur expérience. Pour les pages de produits, Patricio recommande de supposer que de nombreux utilisateurs qui cliquent sur l'annonce n'ont visité aucune autre page de votre site. Ils ne voient pas l'histoire de votre marque sur la page d'accueil ni les délais de livraison estimés sur la page des politiques d'expédition. Dans cet exemple de Chubbies, vous pouvez voir comment la marque répète des informations qui existent déjà quelque part sur son site Web :

Résumé de la politique de retour

Rappelez aux clients les codes de réduction disponibles.

Produits liés aux surfaces

Rendez la navigation dans votre boutique en ligne intuitive pour les utilisateurs.

Par conséquent, la navigation sur le site Web doit être intuitive pour les utilisateurs et ne pas se limiter aux liens que vous placez dans le menu du site Web. Vous devez anticiper les besoins que les utilisateurs ne réalisent peut-être même pas et leur donner la possibilité de gérer facilement leur expérience sur votre site.

« Vous pouvez facilement décrire vos produits, pages et collections sur la page d'accueil », explique Patricio, basé sur son expérience avec Bull et Cleaver. « Je pense qu'il est important d'avoir cet outil sur la page d'accueil. Il ne s'agit pas seulement d'améliorer l'apparence de votre marque. Il prédira ce que l'utilisateur fera à chaque défilement et clic.

Inkbox est untemporaire entreprise de tatouage qui s'associe à de nombreux artistes différents sur ses produits. Naturellement, il possède une collection de biens énorme, presque écrasante. De cette façon, les utilisateurs disposent de plusieurs options de navigation au premier plan avant de commencer à faire défiler.

Les options de navigation les plus connues incluent :

Le titre de la recherche est accompagné d'un appel à l'action : "Trouvez ce que vous aimez !" (au fur et à mesure que vous faites défiler, le menu principal disparaît mais la barre de recherche reste)

Menu de navigation dans lequel vous pouvez cliquer sur des éléments spécifiques pour développer le sous-menu, ainsi que des liens d'information vers les pages Comment ça marche et À propos de nous. Liste de collections basée sur la taille pour les utilisateurs qui, qu'ils le veuillent ou non, considèrent désormais la taille comme un facteur clé dans leurs décisions d'achat.

Les nouveaux utilisateurs qui souhaitent acheter mais ne savent pas exactement quoi faire essaieront probablement l'option du menu Boutique en haut de la navigation, qui propose des options d'achat par taille, produit, catégorie et même des options de questions pour faire des recommandations de produits. .

La sélection de menu actuelle est mise en évidence par un soulignement jaune et chaque lien a un effet de survol pour indiquer qu'il est cliquable. Les sous-catégories sont organisées par taille, produit, catégorie et clairement indiquées.

Pour les utilisateurs encore dépassés par les options, il existe également une option « choisi pour vous », un ensemble de quiz et de quiz sur le tatouage. Lorsque les utilisateurs cliquent sur un lien dans le menu, ils seront redirigés vers la page, le produit, la collection ou la recherche de magasin appropriée à l'aide de filtres spécifiques.

À partir de là, ils peuvent utiliser des filtres et des options de tri pour affiner leur recherche ou revenir au menu de navigation pour voir plus de contenu. La navigation générique en pied de page contient des liens inutiles qui ne concernent qu'un petit nombre d'utilisateurs, tels que des clients ayant besoin d'aide pour passer des commandes, des journalistes recherchant vos documents de presse ou des partenaires potentiels souhaitant coopérer avec votre marque.

Par exemple, la page « Contactez-nous » n'est pas l'endroit où tous les utilisateurs devraient se rendre (vous souhaiterez peut-être diriger les clients vers la page FAQ avant de contacter l'assistance). Inbox organise son menu de pied de page de manière stratégique autour de ces priorités, offrant des options en libre-service pour le suivi, l'expédition et les retours.

Pensez toujours à l'UX du commerce électronique pour les appareils mobiles.

Il existe de nombreuses différences entre faire des achats sur un smartphone/appareil mobile et faire des achats sur un ordinateur portable. Sur les smartphones, le simple fait d'appuyer au lieu de cliquer réorganisera les éléments, le menu de navigation sera caché dans une icône de hamburger et les utilisateurs pourront faire défiler, zoomer et faire pivoter avec leurs doigts au lieu d'utiliser une souris.

Heureusement, tous les thèmes Shopify utilisent un design réactif, qui adapte automatiquement votre boutique en ligne pour offrir une expérience utilisateur optimale sur les écrans de bureau, de tablette et de bureau.

Dans le monde d'aujourd'hui, où le trafic mobile représente environ la moitié de tout le trafic Internet, vous devez d'abord envisager de concevoir votre boutique en ligne pour des tailles d'écran plus petites. Dans l'éditeur de thème, vous pouvez basculer entre les vues ordinateur et mobile à mesure que vous apportez des modifications.

Les paiements mobiles étaient autrefois l'un des principaux obstacles pour les acheteurs en ligne. En saisissant les informations d'expédition et de carte de crédit en une série de clics sur un petit clavier, un seul message texte entrant suffit pour réduire les frais.

Désormais, avec autant d'options de paiement mobile – Shop Pay, Apple Pay, Google Pay, Meta Pay, PayPal et plus encore – les utilisateurs disposent désormais d'une option de paiement instantané où les détails d'expédition et de paiement sont déjà disponibles.

Comment trouver et résoudre les problèmes UX sur votre site de commerce électronique

Les meilleures pratiques que vous pourrez appliquer à votre expérience utilisateur de commerce électronique seront aussi uniques que vos utilisateurs. Bien que les principes ci-dessus constituent un bon point de départ, la recherche sur les utilisateurs constitue une base encore meilleure pour améliorer votre expérience au fil du temps. La recherche utilisateur est une combinaison de boucles de rétroaction qualitatives et quantitatives qui aident à identifier les points de défaillance, les besoins et les tendances du comportement des utilisateurs sur votre site Web.

De quelles options disposez-vous pour identifier les problèmes UX ? Analysez les canaux des boutiques en ligne. L'analyse de l'entonnoir peut vous indiquer où vous perdez des personnes au cours du processus de conversion. Faites défiler/cliquez sur la carte thermique. Ajoutez un outil de carte thermique comme Microsoft Clarity et vous pourrez analyser comment les utilisateurs cliquent sur votre page et combien ils font défiler. Si les utilisateurs ignorent complètement une section de votre page, envisagez de la supprimer. Si de nombreux utilisateurs ne font pas défiler assez loin, demandez-vous pourquoi vous perdez votre élan.

Sessions répétées : enregistrez et regardez de vrais utilisateurs interagir avec votre site avec des outils de relecture de session comme Lucky Orange. Où se reposent-ils ? Combien de temps consacrent-ils à votre texte ? Est-ce qu'ils font défiler vos photos ?

Tests utilisateur : vous pouvez utiliser un service de test utilisateur ou simplement demander à quelqu'un que vous connaissez et qui n'a jamais utilisé votre site auparavant de devenir un utilisateur test. Donnez-leur des instructions telles que : "Obtenez le code de réduction et passez à la caisse, la taille de votre panier sera de 120 $." Regardez-les essayer de suivre ces instructions et demandez-leur de parler à voix haute de leur processus de réflexion. Cinq secondes de test. Montrez brièvement votre site Web à un groupe de discussion pour vérifier si votre message et votre proposition de valeur sont clairs.

Commencez par une question spécifique (pourquoi les visiteurs de votre page produit n'ajoutent-ils pas ce produit à leur panier ?), puis utilisez des outils pour vous aider à répondre à cette question (analyse). analyses de commerce électronique et cartes thermiques).

Les correctifs de test possibles pourraient inclure :

Remplacer la collection de fruits secs par une autre option de snacks à base de viande qui répond mieux aux attentes des utilisateurs

Faites des ventes croisées de collations aux fruits secs au moment de passer à la caisse.

Fournissez un texte ou des informations plus pertinentes sur la page concernant les collations aux fruits secs.

ÉTABLIR UNE IDENTITÉ DE MARQUE FORTE POUR VOTRE MAGASIN SHOPIFY

Construisez une marque forte pour votre boutique Shopify

Créer dès le départ une marque qui se démarque des autres n'est pas une tâche facile. À quoi devrait-il ressembler ? Comment les gens devraient-ils se sentir ? Est-ce que cela trouve un écho auprès de mon public cible ? Ce sont des questions qui se poseront inévitablement lorsque vous commencerez à chercher à faire le lien entre ce que vous vendez et les personnes que vous souhaitez atteindre. Que vous n'ayez rien de plus qu'une idée d'entreprise ou que vous souhaitiez modifier le design de votre marque actuelle, voici ce que vous devez savoir sur la façon de créer une marque forte pour votre entreprise.

Comment construire une marque en 7 étapes :

- ☐ Recherchez votre groupe cible et la concurrence.

- ☐ Choisissez vos objectifs et votre personnalité.

- ☐ Choisissez le nom de votre entreprise.

- ☐ Écrivez votre mot de passe.

- ☐ Choisissez l'apparence et la convivialité de votre marque (couleurs et polices).

- ☐ Créez un logo pour votre marque.

- ☐ Appliquez votre marque à votre entreprise.

Même si vous souhaiterez peut-être revoir certaines étapes lors du changement de marque ou de la construction de votre marque, il est important de prendre en compte tous les aspects lors de la construction de votre identité de marque.

Commencez par préparer des informations sur la manière de développer la marque de votre entreprise. Recherchez votre groupe cible et vos concurrents

Avant de commencer à prendre des décisions concernant l'image de marque de votre entreprise, vous devez comprendre le marché actuel, c'est-à-dire qui sont vos clients potentiels et vos concurrents actuels.

Il existe de nombreuses façons de procéder :

Recherchez votre catégorie de produit ou de service sur Google et analysez les concurrents directs et indirects émergents. Consultez les subreddits liés à vos clients et écoutez leurs conversations et recommandations de produits.

Parlez aux personnes de votre marché cible et demandez-leur quelles marques ils achètent dans votre région. Jetez un œil aux comptes ou aux pages de réseaux sociaux pertinents que votre public cible suit et auquel il est réceptif.

Achetez en ligne ou hors ligne et découvrez comment les clients voient et achètent vos produits. Lors de vos recherches, faites attention à :

Qui sont vos clients « les plus bas » – les personnes à qui vous trouvez les plus faciles à vendre ?

Qui sont vos principaux concurrents – des marques reconnaissables et connues sur le marché.

De quoi et comment parlent vos clients : quels sont leurs intérêts et la langue dans laquelle ils les expriment.

Il est important de comprendre cela avant d'entreprendre toute autre action, car cela déterminera sur quoi votre marque doit se concentrer et comment elle peut se positionner parmi ses concurrents.

Choisissez vos objectifs et votre personnalité

Vous ne pouvez pas construire votre marque pour qu'elle soit tout pour tout le monde, surtout au début.

Il est important de trouver votre objectif et de le laisser influencer tous les autres aspects de votre marque au fur et à mesure que vous la construisez. Voici quelques questions et exercices de branding pour vous aider à réfléchir au thème et au ton de votre marque.

Quel est votre positionnement ?

L'énoncé de positionnement est constitué d'une ou deux lignes qui font votre demande sur le marché. Il n'est pas nécessaire que ce soit quelque chose que vous mettez sur votre site Web ou vos cartes de visite : cela aide simplement à répondre aux bonnes questions sur votre marque et vous aide à créer le slogan de votre marque.

Votre proposition de valeur unique est la seule chose contre laquelle vous êtes en concurrence. Trouvez-le, venez le voir et faites-le dans le cadre de l'actualité de la marque.

De plus, si votre entreprise souhaite démarrer, il y a une raison (par exemple, si vous démarrez une entreprise sociale), vous pouvez également l'écrire sous la forme d'une déclaration sur une mission claire et prometteuse.

Quels mots associez-vous à votre marque ?

Une façon d'envisager l'image de marque est de présenter votre marque en tant que personne. Quels seront-ils ? Quelle personnalité attirera vos clients ? Cela vous aidera à faire entendre votre voix sur les réseaux sociaux et à donner le ton à toute votre créativité, tant visuelle qu'écrite.

Un exercice amusant et utile lors de la création d'une nouvelle marque consiste à trouver trois à cinq adjectifs décrivant le type de marque qui pourrait trouver un écho auprès de votre public. J'ai dressé cette liste de fonctionnalités pour vous aider à démarrer.

Quelles métaphores ou concepts décrivent votre marque ? En considérant votre identité de marque comme une métaphore ou une incarnation de votre marque, vous pouvez identifier les caractéristiques uniques que vous souhaitez lui donner.

Il peut s'agir d'un véhicule, d'un animal, d'une star, d'une équipe sportive - n'importe quoi - à condition qu'il ait dans votre esprit une réputation unique qui évoque le sentiment que vous souhaitez donner à votre marque. J'exprime. Par exemple, si vous souhaitez créer votre marque destinée aux entrepreneurs, vous pouvez utiliser les ratons laveurs comme point de départ : ce sont des survivants et ils feront tout pour prospérer.

Si votre marque était un animal, quel animal ce serait et pourquoi l'aimez-vous ?

Choisissez le nom de votre entreprise

Une rose, quel que soit son autre nom, a toujours le même doux parfum. Cependant, Nike sous un autre nom pourrait être trouvée sur moins de pieds.

Qu'y a-t-il derrière la marque ? Selon le type d'entreprise que vous souhaitez démarrer, vous pourriez penser que votre nom n'a que peu ou pas d'importance.

Comme nous l'avons dit, une marque est bien plus qu'un simple nom. La personnalité, les actions et la réputation de votre marque sont ce qui donne véritablement du sens à votre nom sur le marché.

Cependant, en tant que propriétaire d'une petite entreprise, le nom de votre entreprise peut être l'un des premiers engagements importants que vous devez prendre. Si vous décidez d'emprunter cette voie, cela affectera l'enregistrement du logo de votre marque, de votre nom de domaine, de votre marketing et de votre marque (l'enregistrement d'une marque générique pour les marques génériques décrit dans le sens noir ce que vous vendez sera plus difficile). Idéalement, vous voulez un nom de magasin difficile à imiter et encore plus difficile à confondre avec les acteurs existants sur le marché. Si vous envisagez d'élargir votre gamme de produits à l'avenir, envisagez de conserver le nom de votre entreprise au sens large afin qu'il soit plus facile de le modifier plutôt que de choisir un nom de marque basé sur une catégorie de produits. Vous pouvez essayer une (ou une combinaison) des méthodes suivantes :

Créez un mot comme « Pepsi ».

Réécrivez un mot sans rapport, comme Apple, pour désigner un ordinateur. Utilisez des mots ou des métaphores significatifs, tels que « Buffer ».

Décrivons-le littéralement (ndlr : très facile à imiter) comme The Shoe Company. Changez les mots en supprimant des lettres, en les ajoutant ou en utilisant des extensions latines comme Tumblr (Tumbler) ou Activia.

Créez un acronyme à partir d'un nom plus long, par exemple : HBO (Home Box Office). Combinez deux mots : Pinterest (épingle + intérêt) ou Snapple (snap + pomme).

Étant donné que le nom de votre marque influencera également le nom de domaine/l'URL de votre site Web, examinez-le de près et voyez ce qui est disponible avant de choisir un nom de domaine pour votre marque.

Écrivez un slogan

Un slogan accrocheur est un atout utile : quelque chose de court et descriptif que vous pouvez utiliser comme slogan dans les biographies des réseaux sociaux, les en-têtes de sites Web, les cartes de visite et partout ailleurs. Sinon, quelques mots suffisent pour avoir un grand impact. .

Ressources : essayez le créateur de cartes de visite gratuit de Shopify pour créer vos propres cartes de visite en quelques minutes. N'oubliez pas que vous pouvez toujours changer de slogan si vous trouvez une nouvelle opportunité marketing : Pepsi a développé plus de 30 slogans au cours des dernières décennies.

Un bon slogan doit être court, attrayant et créer une forte impression, augmentant ainsi la reconnaissance de la marque. Voici quelques façons d'écrire votre propre slogan :

Énoncez clairement vos besoins. Death Wish Coffee : « Le café le plus fort du monde. »

Transformons-le en métaphore. Red Bull : "Red Bull vous donne des ailes."

Adoptez la position du client. Nike le fait."

Utilisez des abréviations. Cards Against Humanity : « Un jeu de société pour des gens terribles. »

Écrivez une rime. Café Folgers : "La meilleure chose au réveil est le café Folgers dans une tasse."

Décrivons-le littéralement. Aricia : « Le luxe au quotidien rendra votre monde meilleur. »

Utilisez votre énoncé de positionnement pour créer des descriptions potentielles en une seule ligne pour votre entreprise.

Choisissez l'apparence de votre marque (couleur et police)

Après avoir reçu le nom, vous devez réfléchir au design de votre marque – car vous pouvez imaginer le visuel de votre marque, à savoir votre couleur et votre style. Ceci est utile lorsque vous commencez à utiliser le site Web pour créer votre propre site Web.

Couleur sélection

La couleur définit non seulement l'apparence de votre marque, mais transmet également l'émotion que vous souhaitez transmettre et vous aide à maintenir une cohérence dans tout ce que vous faites. Il vaut la peine de choisir des couleurs qui vous démarqueront de vos concurrents directs, afin de ne pas induire les clients potentiels en erreur. La psychologie des couleurs n'est pas une science exacte, mais elle peut vous aider à faire des choix, notamment en ce qui concerne les couleurs que vous choisissez pour le logo de votre marque.

Considérez la lisibilité du texte blanc et noir sur une palette de couleurs et l'apparence du texte coloré sur un fond blanc et noir. Essayez d'utiliser un outil comme Coolors pour analyser les couleurs qui vont ensemble. Apportez le code hexadécimal et parcourez les différentes nuances pour trouver celle que vous aimez.

Police de caractère sélection

À ceciindiquer, vous devez également réfléchir aux polices que vous pouvez utiliser sur votre site Web. En matière de polices, la meilleure façon de créer une marque est de rester simple. Choisissez jusqu'à deux polices pour éviter de dérouter les visiteurs : une pour le titre et une pour le corps (cela n'inclut pas les polices que vous pourriez utiliser pour le logo de votre marque). Vous pouvez utiliser Fontpair pour parcourir une large sélection de polices qui fonctionnent bien ensemble.

Si vous cherchez de l'inspiration, utilisez Stylify.me sur vos sites préférés pour avoir un aperçu rapide de leurs styles visuels.

Créez un logo pour votre marque

La conception d'un logo de marque est probablement l'une des premières choses qui viennent à l'esprit lorsque l'on envisage de créer une nouvelle marque. Et pour cause : après tout, c'est le visage de votre entreprise et peut apparaître partout où votre marque apparaît.

Idéalement, vous souhaitez créer votre marque avec un logo unique, reconnaissable et évolutif pour fonctionner à n'importe quelle taille (souvent négligée). Considérez tous les endroits où le logo de votre marque apparaîtra :

Site web

Photo de profil sur les réseaux sociaux

Produits d'emballage

Publicité vidéo

Bannière de chaîne YouTube

Favicon (une petite icône qui représente les onglets ouverts du navigateur)

Par exemple, si vous utilisez un logo textuel comme avatar Instagram, il sera presque illisible. Pour vous faciliter la vie, créez une version carrée du logo de votre marque avec un symbole ou un élément symbolique (appelé logotype) qui sera reconnaissable même dans une taille plus petite. Investissez dans un logo qui peut apparaître partout en ligne et sur papier.

S'il te plaît notez que le logo Walmart comporte à la fois un symbole d'étincelle et un symbole de texte, qui peuvent être utilisés ensemble ou séparément. Source : historique de la marque Walmart et conception du logo, Turbologo.

Vous trouverez ci-dessous différents types de logos parmi lesquels vous pouvez choisir pour vous aider à communiquer avec les designers et à trouver le bon style qui contribuera à renforcer votre marque. Faites attention aux couleurs et aux polices que vous choisissez pour vous assurer qu'elles correspondent à votre logo et véhiculent votre marque.

Un logo de marque abstrait a plusieurs significations, mais il ne s'agit en réalité que de formes et de couleurs qui ne peuvent pas être facilement liées à quoi que ce soit dans le monde réel. La beauté d'un logo abstrait est qu'il n'a aucune signification inhérente : vous pouvez le créer vous-même et lui donner vie dans l'esprit de vos clients.

Un logo de marque abstrait a un certain nombre de significations, mais il ne s'agit en réalité que de formes et de couleurs qui ne peuvent pas être facilement liées à quoi que ce soit dans le monde réel. La beauté d'un logo abstrait est qu'il n'a aucune signification inhérente : vous pouvez le créer vous-même et lui donner vie dans l'esprit de vos clients.

Symbole : Starbucks

Les logos emblématiques sont généralement circulaires et combinent du texte et des symboles pour créer un design de marque audacieux et royal. Cependant, si la conception est trop complexe, ils risquent de perdre de leur efficacité s'ils sont réduits. Mais s'ils sont bien faits, ils peuvent avoir un impact important sur l'image de marque et créer un style de logo mémorable.

Marque de lettre : IBM

Les logos en lettres transforment l'abréviation du nom complet de votre entreprise en logo de marque. Si vous avez une idée de nom d'entreprise composé de trois mots ou plus, vous pouvez envisager ce style, surtout si l'abréviation est facile à retenir.

Icône : Twitter

Un symbole de logo est votre marque présentée comme une métaphore visuelle. Contrairement aux logos abstraits, les icônes de logo disent quelque chose sur le produit (un oiseau Twitter est comme des tweets courts et fréquents qui apparaissent sur la plateforme). Comme une marque non établie essaie toujours d'accroître sa notoriété, vous devez éviter d'utiliser un logo emblématique distinct. Cependant, si vous n'êtes pas sûr du type de logo de marque que vous souhaitez, combiner un logo d'icône avec un mot-symbole est généralement une valeur sûre.

Marque : McDonald's

Logo Wordmark transforme le nom de votre marque, vos couleurs et vos polices en une identité visuelle. Le problème avec les mots-symboles est qu'ils sont souvent difficiles à créer dans un carré extensible et perdent facilement en lisibilité lorsqu'ils sont rétrécis. Mais ils communiquent haut et fort le nom de votre marque.

3

Générer du trafic vers votre magasin

EXPLORER DIVERS CANAUX DE MARKETING POUR GÉNÉRER DU TRAFIC

"Pour augmenter le trafic vers votre boutique Shopify et réaliser plus de bénéfices, vous devez payer."

Il s'agit d'un conseil courant que de nombreux propriétaires de boutiques Shopify donnent aux débutants. Mais est-ce que cela s'applique à tout le monde ? Existe-t-il des moyens gratuits ou bon marché d'obtenir plus de trafic sur Shopify ?

La vérité est qu'il existe des moyens efficaces d'augmenter le trafic Shopify, quel que soit le budget. Si vous voulez connaître toutes les bonnes idées, lisez la suite.

Comment votre boutique Shopify génère du trafic

D'où viennent les invités ? Connaître la réponse vous aidera à choisir les meilleurs canaux de marketing pour attirer des clients potentiels. Heureusement, il existe de nombreuses recherches sur ce sujet. Par exemple, cette étude a porté sur 60 000 magasins Shopify et a révélé que les six principales sources de trafic étaient les publicités organiques, les publicités directes, les publicités Facebook, les publicités Google, les publicités Instagram et la publicité Pinterest.

Comme vous pouvez le constater, les ventes organiques, les ventes directes et Facebook sont de loin les moyens les plus efficaces pour générer du trafic vers votre boutique Shopify. Ce que ces principales sources de trafic signifient pour Shopify :

Biologique : les acheteurs visitent les magasins après les avoir trouvés sur Google.

Direct : les acheteurs saisissent l'URL du magasin dans leur navigateur pour accéder directement au magasin.

Facebook Ads : Trafic généré par les clics sur les campagnes Facebook.

Google Ads : visites issues des campagnes publicitaires payantes de Google.

Annonces Pinterest : trafic provenant des annonces hébergées sur Pinterest.

De nombreuses personnes qui voient ces principales sources décident d'y investir pour augmenter le trafic vers leur boutique Shopify. C'est logique, mais...

Il s'avère que les sources de trafic les plus populaires ne génèrent pas nécessairement le plus de revenus. Sinon, tout propriétaire de boutique Shopify n'aura aucun problème à avoir du trafic vers sa boutique mais aucun revenu. Pour comprendre ces principales sources de ventes, nous passerons en revue les recherches sur le commerce électronique. Voici notre réponse :

La publicité directe est de loin la plus efficace, suivie par la publicité native, la publicité Facebook, la publicité Google et la publicité Instagram.

Il faut donc attirer et convertir ce type de trafic en ventes sur Shopify :

Trafic direct – Stratégies qui incluent des méthodes pour accroître la fidélité à la marque et l'engagement direct (programmes de fidélité, contenu de blog, etc.).

Trafic organique. Attirer ce type de trafic nécessite une optimisation du référencement, des communications RP et la création d'un contenu de blog de haute qualité. Trafic social payant – provient de la publicité sur les réseaux sociaux (Instagram, Facebook et Pinterest), les méthodes incluent donc des campagnes payantes.

Alors, devriez-vous essayer toutes ces stratégies pour augmenter le trafic vers votre boutique Shopify ? Inutile. Les meilleurs dépendent de votre budget marketing, de vos produits et de vos clients. Pour vous aider à comprendre comment faire le meilleur choix, j'ai rassemblé les 11 meilleures stratégies pour générer du trafic social direct et organique sur Shopify.

Comment augmenter le trafic vers votre boutique Shopify

Examinons maintenant de plus près 11 stratégies pour obtenir du trafic payant et gratuit sur Shopify. Chaque section fournit des informations sur les coûts liés à l'essai d'une stratégie, afin que vous puissiez faire le meilleur choix.

1. Créez du contenu de blog optimisé pour le référencement

Coût: Gratuit ou à faible coût

Le contenu du blog (guides de produits, articles pratiques, vidéos, etc.) est un moyen de générer du trafic organique vers votre boutique Shopify. Cette stratégie est nécessaire pour a) améliorer votre position dans les résultats de recherche Google et b) vous bâtir une solide réputation en fournissant des conseils de qualité à vos clients. C'est pourquoi de nombreuses boutiques Shopify ont des blogs. Certains incluent même des quiz liés à leurs produits ou services pour accroître l'engagement. Les détaillants en ligne peuvent créer un quiz qui aide les clients à déterminer leur type de peau en posant des questions de vérification d'identité. Après avoir répondu aux questions, les clients pourront recevoir des conseils sur les meilleurs produits pour leur peau. Un bon exemple est Enfamil, un magasin qui vend des aliments pour bébés. Ce qui rend son blog génial, ce sont les conseils utiles pour les parents et la catégorisation du contenu pour faciliter la recherche de conseils. Si vous décidez d'augmenter le trafic vers votre boutique Shopify avec un blog, suivre les étapes ci-dessous vous aidera à obtenir des résultats remarquables :

Créez des cartes de contenu. Créez une liste de sujets de contenu basée sur les questions des clients. Si vous dirigez un magasin de vêtements, vous pouvez créer des listes de styles « top 10 », des articles de conseils de mode et des idées de tenues.

Recherche de mots clés. L'utilisation de mots-clés est importante pour que Google puisse générer du trafic vers votre boutique. Pensez à utiliser un outil gratuit comme Ubersuggest pour la recherche de mots clés. Les suggestions de saisie semi-automatique de la barre de recherche Google peuvent également être utiles.

Publier du contenu. Publiez le contenu de votre blog au moins une fois par semaine pour faire savoir à Google que votre site offre des conseils utiles. Un calendrier de publication cohérent est également important pour le classement dans les résultats de recherche, car il envoie un signal à Google indiquant que vous êtes digne de confiance.

2. Participez au marketing des médias sociaux

Coût: Gratuit

La commercialisation de vos produits via des publications sur les réseaux sociaux est un moyen d'accroître la notoriété de la marque et de générer du trafic direct et organique vers Shopify. La meilleure stratégie consiste à montrer que vos produits peuvent aider les clients et leur donner des idées sur la manière de les utiliser.

Vous pouvez partager cet article pour augmenter le trafic vers votre boutique Shopify :

- La promotion du produit

- Vidéos de produits

- Actualités et mises à jour sur les marques et les produits

- Contenu de création de marque

Le marketing sur les réseaux sociaux implique également l'interaction avec les clients. Cela signifie répondre à leurs commentaires sur Instagram, etc., les suivre, aimer les photos qu'ils publient sur votre entreprise ou vos produits. Une participation active montre que vous souhaitez être disponible et utile. Conseil de pro : lancez un concours ou un cadeau sur les réseaux sociaux. Encouragez les participants à participer en aimant et en suivant vos pages de réseaux sociaux ou en vous inscrivant sur votre site Web. C'est un excellent moyen d'attirer de bons abonnés, de générer des prospects et d'augmenter le trafic vers votre boutique Shopify.

3. Utilisez des épingles pour faire vos achats sur Pinterest

Coût: faible à moyen

Pinterest a introduit des publications achetables comme Instagram et devient un autre moyen légitime de générer du trafic vers les magasins Shopify. Environ 80 % des utilisateurs hebdomadaires de Pinterest déclarent avoir trouvé une marque ou un produit sur la plateforme, les opportunités marketing sont donc nombreuses. Le principal avantage de Pinterest est que c'est un endroit où les gens trouvent l'inspiration. Contrairement à Instagram et Facebook, la plupart des recherches sur cette plateforme ne sont pas liées à la marque, c'est donc un excellent moyen de présenter vos produits de manière organique. Voilà à quoi ressemblent les épingles à provisions.

Vous pouvez créer ces épingles commerciales après avoir créé un compte professionnel Pinterest. Après votre inscription, vous pouvez créer une boutique Pinterest et soumettre vos données produit (caractéristiques, catégories, images et prix).

Kirrin Finch, une entreprise de vêtements pour hommes, possède une superbe boutique Pinterest avec plus de 218 000 vues par mois. Nous vous encourageons à tester cela avec votre marketing Pinterest.

4. Lancez une campagne publicitaire Instagram

Coûts moyens

La publicité sur Instagram est la cinquième source de revenus de Shopify, et pour cause. Ce qui rend cette plateforme si populaire, c'est le fait que 81 % des clients l'utilisent pour rechercher des produits en ligne. Instagram propose des options avancées de ciblage d'audience pour les entreprises - essayez de les utiliser et vos publicités seront diffusées auprès des bonnes personnes. C'est pourquoi une campagne Instagram peut rapidement augmenter le trafic vers votre boutique Shopify : de nombreuses entreprises peuvent attirer entre 200 et 500 visiteurs par jour. Les publicités Instagram apparaissent dans les flux des personnes qui correspondent aux paramètres de votre audience. Khaite, la marque de sportswear, annonce des campagnes de prévente avec des photos de produits de haute qualité. Nous allons jeter un coup d'oeil.

Pour générer du trafic sur Shopify, vous avez besoin d'un compte professionnel. Il vous permet de partager différents types de publications (standard, vidéo, carrousel, etc.) et de marquer plusieurs produits pour augmenter les ventes.

5. Utilisez les annonces Google Shopping.

Coût: faible à moyen

Les annonces Google Shopping sont l'un des outils les plus puissants pour générer du trafic vers Shopify. De nombreux propriétaires d'entreprise et spécialistes du marketing ont pu « du jour au lendemain » et réaliser des milliers de dollars de ventes en ligne en quelques semaines seulement.

Les annonces Google Shopping sont diffusées auprès des personnes recherchant des produits en ligne. Vous pouvez donc les utiliser pour toucher des clients avec une intention claire. L'avantage des annonces Google Shopping est que vous pouvez les créer directement depuis Shopify. Tout ce que vous avez à faire est d'ajouter l'application Google Channel.

6. Essayez les notifications push publicitaires

Coût: faible à moyen

De nombreux clients ne sont pas prêts à acheter après leur première visite dans votre boutique Shopify. Ils examinent votre produit, hésitent mais finissent par partir. Il est difficile de leur en vouloir : comme il existe des milliers de boutiques en ligne similaires, il est impossible de faire des achats dans chacune d'entre elles. Tout d'abord, vous avez besoin d'un marketing pour attirer leur attention. Il y a quelque chose que vous pouvez faire pour rester en contact avec les invités qui partent : les notifications push. Ils fonctionnent de la même manière que le courrier électronique, mais vos messages sont plus consultés. Lorsque les clients visitent le magasin, ils seront invités à s'inscrire.

L'utilisation des notifications push peut être un excellent moyen d'augmenter le trafic sur Shopify. Les visiteurs intéressés par vos produits mais pas prêts à acheter peuvent cliquer sur Autoriser et recevoir des notifications. Vous pouvez les informer des ventes, des remises, des réapprovisionnements, etc.

Essayer cette méthode pour augmenter le trafic vers votre boutique Shopify est facile avec une application de notification push. Si vous décidez de l'essayer, pensez à

Firepush : il propose un forfait gratuit et une note de 4,8 étoiles dans l'App Store de Shopify.

7. Utilisez Google Keyword Planner pour obtenir un meilleur classement

Coût: Gratuit

Google Keyword Planner est un excellent outil gratuit pour obtenir des idées de mots clés et choisir des mots clés spécifiques à cibler. Vous pouvez ajouter ces mots-clés à vos métadonnées et à votre contenu pour aider votre entreprise de commerce électronique à mieux se classer dans les résultats de recherche Google. Les mots-clés que vous trouvez dans le planificateur seront utiles pour optimiser n'importe quelle page de votre boutique Shopify. La page d'accueil et les pages produits sont particulièrement conçues pour convertir le trafic. Créez un compte Google Ads gratuit pour utiliser Planner pour rechercher des mots clés et améliorer le référencement de votre boutique YouTube.

Conseil de pro : choisissez des mots-clés à longue traîne pour améliorer le référencement de votre site de commerce électronique. Les mots-clés à longue traîne sont plus spécifiques, par exemple « Transporteur écologique pour deux chats » au lieu de « Transporteur pour chat ». Cela permet de réduire la concurrence et d'attirer des clients actifs sur votre site Web.

8. Partagez des messages marketing par e-mail

Coût: Gratuit ou à faible coût

Le courrier électronique figure au milieu de la liste des principales sources de revenus, mais il peut être un excellent choix pour votre entreprise de commerce électronique. Étant donné que la plupart des clients en ligne ne sont pas prêts à acheter, vous pouvez les convaincre de s'inscrire à votre liste de diffusion et de les soutenir jusqu'à ce qu'ils soient prêts. Téléchargez l'application de marketing par e-mail pour Shopify et commencez à créer votre liste de diffusion. De cette façon, vous pouvez envoyer des campagnes marketing (e-mails de bienvenue, promotions, soldes, etc.) à vos abonnés et récupérer les paniers abandonnés grâce aux e-mails automatisés. Par exemple, cette newsletter produit par e-mail de Vessi vous informe de l'arrivée de nouveaux produits. Disposez d'images et de signaux de confiance de haute qualité (livraison gratuite, retours faciles et options de paiement flexibles) ainsi que d'appels à l'action pour encourager les clics.

9. Lancer un programme de fidélisation client.

Coût: faible à moyen

Les programmes de fidélité sont un excellent moyen d'encourager les acheteurs en ligne à revenir sur votre site Web. Voici comment augmenter le trafic direct vers votre boutique Shopify. Si votre entreprise offre des récompenses et des avantages exclusifs lors de ses achats, de nombreux clients s'en souviendront probablement. Par exemple:

Le programme de fidélité du magasin de vêtements Shopify Mack Weldon comporte deux niveaux.

Le premier niveau comprend tous les clients ayant effectué un achat. Le bonus est la livraison gratuite sur toutes les commandes. Le deuxième niveau comprend les clients qui dépensent plus de 200 $ par an. Bonus : Livraison gratuite + 20 % de réduction sur toutes les commandes.

Pensez à développer un programme de fidélité pour augmenter le trafic vers votre boutique Shopify. Cela peut être une stratégie efficace pour attirer directement les visiteurs.

Conseil de pro : laissez les clients choisir leurs propres récompenses. Voici pourquoi : des recherches montrent que 86 % des clients souhaitent avoir la liberté de choisir leurs récompenses de fidélité. Par exemple, vous pouvez offrir la livraison gratuite, des réductions, des remboursements et/ou des points. ELO, un détaillant de vêtements, a utilisé les notifications push pour partager des remises sur les commandes répétées et accroître la fidélité. Plus de 20 % des clients qui ont lu l'annonce ont acheté des produits à prix réduit.

10. Rejoignez le guide cadeaux

Coût: Gratuit

"Et le cadeau parfait en cette période des fêtes est... [Votre produit]".

Ne serait-il pas formidable si les acheteurs pouvaient lire cela dans les guides de cadeaux en ligne ?

Absolu! Vous pouvez y parvenir et augmenter le trafic vers votre boutique Shopify. Étant donné que de nombreuses publications en ligne créent des guides de cadeaux pour chaque occasion, elles recherchent souvent de nouvelles idées de produits à y ajouter.

Par exemple, si nous recherchons « Idées cadeaux pour elle », nous obtenons des tonnes de pages de guides de cadeaux populaires. Pour augmenter le trafic vers votre site Shopify de cette façon :

Google « Guide cadeaux » ou d'autres mots-clés associés.

Jetez un œil aux résultats et choisissez ceux pour lesquels votre produit serait un bon complément.

Contactez ces publications et demandez à évaluer leurs produits (vous pouvez contacter l'auteur (éditeur) pour obtenir des instructions ou simplement écrire à leur équipe d'assistance)

Conseil de pro : écrivez un e-mail à l'éditeur avec des idées cadeaux pour des produits spécifiques et pourquoi vous les avez choisis.

Écrivez un e-mail court et agréable au rédacteur d'orientation au moins 3 mois avant vos vacances. Fournissez quelques exemples de produits de votre magasin ainsi que quelques points expliquant pourquoi ils constituent d'excellents cadeaux.

11. Devenez sponsor de podcast

Coût: faible à moyen

Avez-vous écouté des podcasts récemment ? Si tel est le cas, vous avez probablement entendu parler de sponsors offrant des codes de réduction aux auditeurs. Le podcasting est déjà une industrie multimilliardaire et le marketing est le principal moteur de croissance. Étant donné que de nombreux podcasts comptent des millions d'abonnés, il s'agit d'un moyen efficace et naturel de promouvoir et de générer du trafic vers votre boutique Shopify. MeUndies est une marque à succès avec une stratégie de parrainage de podcasts. En 5 ans, près de 9 millions de paires de sous-vêtements ont été vendues. L'un des sponsors du podcast MeUndies est Jenna & Julien Podcast - il s'agit d'une page de destination spéciale pour le podcast avec une réduction de 15 % pour les auditeurs.

Essayez de rechercher des podcasts populaires que votre public cible écoute. Si vous voyez quelque chose d'intéressant, écrivez une lettre de collaboration aux créateurs. Puisqu'il existe des podcasts sur à peu près tout, vous êtes sûr d'en trouver un qui vous convient.Ton budget.

Comment augmenter le trafic vers votre boutique Shopify :**Résumé**

Il est temps d'attirer l'attention sur votre boutique Shopify. Pensez à essayer ces 11 stratégies pour augmenter le trafic Shopify : elles pourraient être un bon début pour votre entreprise. Selon les recherches, vous pouvez commencer par le fait qu'ils ont réalisé le plus grand nombre de ventes.

Encore une fois, des moyens efficaces pour augmenter les magasins :

Créer du contenu pour le blog Seo-Owno (mouvement organique + direct)

Marketing sur les réseaux sociaux (organique + direct)

Utiliser l'épingle pour les magasins Pinterest (payant)

Lancer les campagnes publicitaires sur Instagram (payant)

Utiliser les annonces Shopping Google (payant)

Essayez de notifier la publicité push (écologie)

Utilisez Google Key Word Planner (éco)

Partager l'information par e-mail (organique)

Démarrer le programme clients fidèles (bio + direct)

Rejoignez les cadeaux en ligne avec des cadeaux (bio)

Devenez sponsor du podcast (payer + directement)

MISE EN ŒUVRE DE STRATÉGIES EFFICACES D'OPTIMISATION DES MOTEURS DE RECHERCHE (SEO)

L'optimisation des moteurs de recherche (SEO) a parcouru un long chemin depuis l'époque du bourrage de mots clés et du clickbait.

Pour être classé premier dans les résultats de recherche Google, le contenu de votre boutique doit correspondre à l'intention des visiteurs potentiels. Optimiser votre site Web pour le référencement peut sembler difficile et fastidieux, mais il s'agit en réalité de comprendre comment fonctionnent les moteurs de recherche et comment ils les utilisent, puis de mettre en œuvre ces connaissances dans vos écrits sur votre site, puis de rendre méthodiquement les modifications entièrement accessibles sur le backend.

J'ai élaboré un guide étape par étape pour optimiser votre boutique Shopify – aucune expérience en référencement n'est nécessaire. Pourquoi le référencement est-il si important ?

1. **La plupart du trafic provient des résultats de recherche organiques**.

Si vous n'avez pas de stratégie de référencement pour votre boutique, vous pourriez perdre du trafic et des revenus. Selon Wolfgang Digital, les vendeurs en ligne peuvent s'attendre à ce que 35 % du trafic total provienne des pages de résultats des moteurs de recherche et 33 % des revenus du trafic organique, ce qui en fait des canaux de marketing capables de générer le trafic et les revenus les plus élevés.

2.**Les coûts de la publicité payante augmentent et le référencement entraîne un « trafic lent »**.

Si vous réalisez la majorité de vos ventes via des canaux publicitaires payants comme Facebook ou Instagram, cela peut réduire vos bénéfices. Même si la création de trafic organique prend du temps, elle deviendra à terme le meilleur canal de conversion à un coût durable. Travailler pour augmenter le trafic organique avec le référencement peut vous coûter du temps et des efforts, mais son effet cumulatif fait du trafic organique le canal le meilleur et le plus précieux. mieux pour attirer les clients. Le SEO ne doit jamais être pris à la légère, même si les bénéfices ne sont pas immédiats.

3.Être numéro un dans les moteurs de recherche peut augmenter votre trafic quotidien jusqu'à 30 %.

Il y a une blague dans le monde du référencement : si vous vouliez cacher un cadavre, vous le mettriez en page deux. En effet, la première position reçoit le plus de clics – de manière disproportionnée par rapport à la 11ème position. Si votre site Web fonctionne bien avec le trafic organique, même sans optimisation de la recherche, il y a de fortes chances que vous puissiez l'améliorer pour attirer plus de trafic, parfois avec seulement des changements minimes.

Avant de commencer : les bases pour améliorer votre référencement Shopify

Avant de commencer à améliorer le référencement de votre boutique Shopify, vous devez établir quelques éléments importants. Ce:

Achetez votre propre nom de domaine. En termes simples, votre boutique a besoin de son propre nom de domaine pour réussir son référencement. Les noms de domaine personnalisés sont plus fiables pour les acheteurs potentiels qui parcourent les moteurs de recherche et sont également plus faciles à mémoriser. Si vous possédez toujours Brandname.myshopify.com, il est temps de passer à un domaine personnalisé comme Brandname.com. Vous pouvez acheter votre propre nom de domaine pour environ 10 à 20 $ par an. Assurez-vous que Google Analytics est installé sur votre site Web.

Google Analytics est gratuit à installer sur votre site Web. Cela vous permet de voir combien de trafic vous avez et ce qu'il fait sur votre site. Assurez-vous que Google Search Console est installé sur votre site Web. Google Search Console vous donne un aperçu des pages classées pour quelles requêtes, de leur position, du nombre de clics que vous obtenez et d'autres informations utiles. Créez des thèmes prêts à l'emploi pour les appareils mobiles. Shopify propose un certain nombre de thèmes gratuits conçus pour les sites Web réactifs. Si vous avez personnalisé votre thème ou l'avez créé, il est préférable de vérifier sa compatibilité mobile avec cet outil Google, même si vous n'avez apporté aucune modification à ce thème.

Supprimez la protection par mot de passe. Si vos pages produits sont encore en cours de création et d'organisation, vous pouvez attendre que votre boutique soit disponible au public et aux moteurs de recherche.

Cependant, si votre boutique est protégée par mot de passe, les moteurs de recherche ne pourront pas regarder au-delà de votre page d'accueil, explorer vos pages ou classer vos pages dans les résultats de recherche.

Utilisez un forfait payant. Bien que les magasins d'essai gratuit soient consultables et indexables, sans forfait payant, vous ferez tout ce travail et ne verrez pas les résultats de vos efforts au fil du temps. L'essai se termine en attendant que votre nouveau magasin soit évalué. prendra plus de 14 jours.

Référencement technique

Le référencement technique est un type de référencement caché. Tout comme une huile moteur neuve maintient votre voiture en bon état, elle est souvent invisible, mais elle peut considérablement améliorer les performances de recherche de votre site Web. Le référencement technique garantit que votre site Web est optimisé pour les moteurs de recherche, a une bonne vitesse de page et est optimisé pour les appareils mobiles. Il optimise également votre site Web pour tout le monde, en garantissant que sa structure, sa navigation et ses liens internes vous permettent de voir facilement et que les métasters sont remplis, afin que les moteurs de recherche et tout le monde sachent ce qui s'est passé.

Si vous constatez une différence dans ces domaines sur le Web, cela peut empêcher l'évaluation jusqu'à ce que les erreurs soient définies. En autorisant ces erreurs, vous verrez des avantages tels que :

Les utilisateurs interagissent davantage avec le site car il est plus rapide et tous les contenus et sites importants sont faciles d'accès.

Augmentez la chair de poule, car le site est plus facile à collecter, augmentant ainsi le mouvement organique au fil du temps

Créez une stratégie de liaison interne raisonnable dans votre menu

Coût : 0 ou 4$ par mois pour une candidature

Il est facile de perdre la vue, surtout dans les premiers jours de la création d'une boutique en ligne. Je comprends : cela ne semble pas si important par rapport à la publication de nouveaux sites Web et à la promotion de votre entreprise. Les liens internes ne se limitent pas à l'insertion de liens vers un texte d'ancrage pertinent sur votre site Web. L'idée est de créer les pages d'ancrage nécessaires pour transmettre l'autorité à des dizaines d'autres sites Web et articles de blog connexes et/ou vice versa. Cela peut être fait en utilisant un système de navigation clair sur la page d'accueil, conçu à la fois pour les utilisateurs et les robots des moteurs de recherche.

Prenons par exemple Gymshark, une marque de vêtements de fitness. Il n'y a que deux éléments de menu de niveau supérieur sur la page d'accueil : simple.

Lorsque vous survolez « Femmes » ou « Hommes », vous verrez une liste déroulante des produits et collections proposés. La liste déroulante est divisée en tendances, en produits de base Gymshark, en styles spécifiques à l'ensemble de la gamme de produits et en accessoires qui ne rentrent pas tout à fait dans d'autres catégories.

Gymshark dispose d'un système et d'une structure de menu clairs et faciles à utiliser qui profitent à la fois aux utilisateurs et aux moteurs de recherche. Ce qu'il convient de noter ici, c'est que cette structure de menu est conçue d'abord pour les humains et ensuite pour les moteurs de recherche. Ceci est essentiel pour gagner la confiance des clients. Mes recherches sur ce qui renforce la confiance auprès des nouveaux clients montrent qu'une navigation dans le catalogue facile à comprendre et à utiliser sur tous les appareils est indispensable si vous souhaitez augmenter vos ventes.

Oui, bien que Gymshark crée un système de navigation par menu et par catégorie facile à comprendre, il répertorie également les pages les plus importantes de ce menu qui généreront du trafic organique et optimiseront le texte des liens pour elles. Vous pouvez le voir sous Produits pour femmes > Produits. Lorsque vous accédez à la section Shorts, vous verrez que la page affiche des termes de recherche idéaux tels que « shorts d'entraînement » et « shorts d'entraînement pour femmes » qui attirent les clients idéaux des moteurs de recherche. La question est désormais « Comment puis-je appliquer cela à mon entreprise ? »

Par exemple, prenons un magasin de contenu de démonstration Kinda Hot Sauce, qui vend de la sauce piquante. Disons que les clients leur ont dit qu'ils aimaient leur sauce piquante habanero et voulaient plus de variétés, ils ont donc ajouté trois nouvelles saveurs à leur gamme habanero. Voici ce qu'ils font ensuite :

Effectuez une recherche de mots clés. Ils ont utilisé un outil de référencement gratuit comme Ubersuggest et ont saisi « sauce habanero » dans un outil d'analyse de mots clés pour constater que le nombre de recherches mensuelles pour cette expression était de 4 400. Grand! Ils ont trouvé une nouvelle catégorie pour notre nouvelle gamme de produits.

Créez des pages de produits. Dans la boutique Shopify, nous allons dans Produits > Ajouter un produit pour créer une liste de produits et nous assurer que tout est rempli, des titres et descriptions aux SKU et informations d'expédition.

Créez une page de collecte. Accédez à Produits > Collections pour créer une nouvelle page et ajouter trois nouvelles pages de produits. Lors de la création de pages de collection, nous suivons les meilleures pratiques de référencement sur la page lors du remplissage des listes d'aperçu de recherche en essayant d'utiliser la « sauce habanero » dans les titres, les descriptions, les URL et les articles.

Ajouter leChapelure application à votre magasin. Une application comme Category Breadcrumbs (4 $/mois) permet de montrer facilement aux clients le chemin qu'ils ont emprunté dans l'arborescence des catégories. Leur chemin leur permet de revenir facilement en arrière en cliquant sur le lien approprié. Par exemple, vous lisez cet article sur le blog Shopify et pouvez cliquer sur « Blog Shopify » pour revenir à la page d'accueil du blog.

Soumettez votre plan de site à Google Search Console et corrigez les erreurs du site.

Coût : 0$

Expertise SEO (sur 5□□♀□) : □□♀□□□□♀□□□□♀□□□□♀□□□□♀□

Effort (sur 5□) : □□□□□

Impact (sur 5□) : □□□□□

Notez que vous devez créer un compte Google Search Console. Une fois que vous avez terminé, l'étape suivante consiste à télécharger votre plan de site. La soumission de votre plan de site à Google Search Console permet aux moteurs de recherche d'explorer et d'indexer votre boutique. Cela signifie simplement que le robot visite votre site de commerce électronique, vérifie la page d'accueil, parcourt toutes les catégories de produits, collections et pages de produits, puis effectue une sauvegarde jusqu'à la fin. Ceci est fait pour les afficher sur les pages de résultats des moteurs de recherche. Une représentation visuelle de la façon dont les robots découvrent votre site et les pages qu'il contient.

La bonne nouvelle est que Shopify génère instantanément des plans de site pour tous vos magasins. Vous n'aurez pas besoin de créer le vôtre - ceci n'est recommandé qu'aux gestionnaires de référencement très avancés. Si vous disposez du forfait Basic, vous obtiendrez un plan du site généré automatiquement ; Si vous disposez d'un forfait Shopify ou supérieur et que vous utilisez des domaines internationaux, vous devrez télécharger un fichier de plan du site pour chaque domaine. L'étape suivante consiste à corriger les erreurs potentielles sur votre site Web. Si vous venez de soumettre un plan du site, vous devrez attendre une exploration pour obtenir ces informations, alors peut-être ajouter cette section à vos favoris et y revenir dans une semaine environ. Voici ce qu'il faut faire :

Connectez-vous à la Search Console et consultez votre rapport sur la portée. Sur la gauche, cliquez sur Index > Plage. Vous verrez un graphique avec les cases à cocher Erreur, Valide avec avertissements, Valide et Exception. Pour l'instant, vous voulez juste faire attention à l'erreur. Identifiez les erreurs 404 ou de redirection (si signalées). La Search Console signalera cela dans la liste comme :

"URL soumise introuvable (404)" lorsque la page n'existe pas sur votre site. L'utilisateur reçoit un message indiquant que la page n'a pas été trouvée. Cette erreur se produit car quelque part sur votre site, il existe un lien vers telle ou telle page cassée, et les robots des moteurs de recherche tentent de l'indexer. Ce n'est pas bon pour le référencement et les utilisateurs car vous les conduisez dans une impasse. Il est très important que nous résolvions ce problème. Cliquez sur « URL soumise introuvable (404) » et vous obtiendrez une liste de toutes les URL qui ont renvoyé des erreurs. Cliquez sur "Exporter" dans le coin supérieur droit de l'écran et exportez vers le tableur de votre choix. Une « erreur de redirection » se produit lorsque Googlebot a indexé une URL mais que la page n'a pas été automatiquement mise à jour vers le nouvel emplacement pour les utilisateurs. Cela se produit parce que la chaîne est trop longue, qu'il y a des boucles de redirection, que l'URL dépasse la longueur maximale de l'URL ou qu'il y a des URL invalides ou vides dans la chaîne de redirection. Comme mentionné ci-dessus, cliquez sur « Erreurs de redirection » pour obtenir la liste complète de ces URL et l'exporter.

Corrigez les erreurs 404 et les redirections dans votre boutique. C'est là que les compétences en matière de tableur peuvent être utiles. Ces problèmes peuvent être difficiles à résoudre, mais voici ce qu'il faut faire :

Reportez-vous au tableau des erreurs 404 (il s'agit du tableau intitulé "Tableau"). Vous devez maintenant trouver la page la plus appropriée vers laquelle vous souhaitez rediriger. Par exemple, dans notre boutique démo Katherine Hot Sauce, si nous abandonnons un produit, il serait logique de rediriger la page du produit vers une page de collection ou de combinaison de garde-robe. Notez-les à côté de l'URL (vous pouvez supprimer ou masquer la colonne "Dernière exploration"). Si vous ne trouvez pas de correspondance, une bonne option par défaut consiste à rediriger vers la page d'accueil. Dans votre interface administrateur Shopify, accédez à Boutique en ligne > Navigation. Cliquez sur « Redirection d'URL » puis sur « Ajouter une redirection d'URL ». Ici, référez-vous au tableau des erreurs 404, saisissez-les dans les champs appropriés et cliquez sur "Enregistrer la redirection". Si vous souhaitez créer de nombreuses redirections, vous pouvez envisager d'utiliser la fonctionnalité d'importation d'URL en masse.

Ensuite, je suggérerai brièvement comment corriger les erreurs de redirection. Les boucles de redirection laissent les visiteurs et les moteurs de recherche coincés dans une boucle, essayant de charger votre site avec deux pages consécutives pointant l'une vers l'autre. La redirection est configurée de sorte que le site C charge le site A, le site A charge le site B et le site B charge le site C.

Illustration visuelle des erreurs de boucle de redirection pour les robots et les bots.

Suivez les instructions pour exporter une liste de redirections d'URL depuis votre boutique Shopify. Vous devez maintenant déterminer quelle redirection est interrompue en consultant à la fois la console de recherche Google et l'exportation de redirection de Shopify. Si vous maîtrisez les tableurs, combinez les tableaux et filtrez-les pour obtenir une liste d'erreurs. Sinon, vous pouvez copier la cellule contenant l'erreur URL, puis utiliser la fonction de recherche (Cmd+F sur Mac, Ctrl+F sous Windows), mais cela nécessite de nombreux clics. Comme pour la mise à jour des pages 404, notez où vous souhaitez les redirections dans votre feuille de calcul, puis accédez à Boutique en ligne > Navigation > Redirections d'URL. Utilisez le champ de recherche pour trouver la redirection que vous souhaitez modifier, cliquez dessus et mettez à jour la redirection. Après tout cela, la prochaine étape consiste à vous assurer que votre travail est récompensé. Vous pouvez le faire en revenant à la Search Console et en vérifiant l'onglet

Portée tous les quelques jours ou semaines jusqu'à ce que toutes les erreurs soient trouvées. Note. Enfin, si l'un d'entre eux semble trop compliqué ou intimidant, utilisez la place de marché Shopify Experts pour trouver une agence de référencement ou un expert SEO dédié pour les mettre en œuvre pour vous.

3.Optimisez vos images pour un chargement rapide et une recherche dans les moteurs de recherche.

Coût: 0$ ou 4$ par mois par application.

Les moteurs de recherche indexent non seulement le texte de votre site Web mais également les images. L'optimisation des images ne vous empêche pas d'afficher de belles photos. En fait, cela permet de mieux présenter vos photos aux acheteurs. Réduire la taille de l'image devrait être une priorité absolue pour votre magasin. L'hébergement HTTP indique que les images représentent 46 % de la taille totale d'un site Web moyen. Cela signifie que les images sont volumineuses et peuvent ralentir le chargement des pages si elles ne sont pas optimisées. La bonne nouvelle est que puisque Shopify est un logiciel de commerce électronique, vous n'avez pas à vous soucier des aspects techniques liés à la recherche d'un CDN sécurisé et facile à charger des images, car il est inclus dans votre forfait. Voici quelques astuces simples pour réduire la taille du fichier de vos images afin de les rendre plus faciles à trouver et à indexer pour les moteurs de recherche :

Utilisez des images au format JPG ou PNG. Shopify diffuse automatiquement les images au format WebP, un format qui offre une excellente compression d'image sur le Web, avec une réduction moyenne de la taille des fichiers de plus de 30 % par rapport aux formats de fichiers traditionnels comme JPEG et PNG. De plus, lorsque cela est possible, utilisez uniquement les formats JPEG et PNG lors du téléchargement d'images sur votre site Web, car ce sont intrinsèquement les plus petits formats de fichiers image. Cela peut être fait à l'aide de la plupart des logiciels d'imagerie propriétaires fournis avec votre système. Par exemple, sur un Mac, vous pouvez utiliser l'application Aperçu pour enregistrer des images dans divers formats en cliquant sur Fichier > Exporter et en choisissant JPG ou PNG dans le menu déroulant. Note. Une bonne règle de base est d'utiliser JPEG pour les photos et PNG pour les graphiques personnalisés, les illustrations, etc. et de ne jamais utiliser de GIF sauf s'il s'agit d'une image animée.

Réduisez la taille des fichiers image. En bref, plus la taille du fichier image est grande, plus le chargement de la page est long. La réduction de la taille de l'image permet aux images et aux pages de se charger plus rapidement. Le redimensionnement des images peut affecter leur qualité. Assurez-vous d'utiliser la résolution standard de 72 pixels par pouce carré (PPI). Si vous débutez dans ce domaine, nous vous recommandons d'utiliser l'outil gratuit de redimensionnement d'image de Shopify pour commencer.

Ajoutez des images à votre plan de site. Il est important que vos photos apparaissent dans les résultats de recherche, car de nombreuses personnes recherchent du contenu visuel, notamment lorsqu'il s'agit de produits comme les vêtements. L'ajout d'images à votre plan de site permet aux moteurs de recherche de les explorer et de les indexer plus facilement. Shopify inclut des images de la page principale du produit dans le plan du site, mais si vous souhaitez inclure toutes les images sur vos pages de produits, je vous recommande d'installer Image Sitemaps (4 $/mois), une application qui génère et soumet automatiquement des plans de site à Google Search Console en . format XML. pour toutes les images associées à chaque produit, article de blog et page de votre boutique Shopify.

Optimisez soigneusement les propriétés de remplacement. L'attribut Alt est un texte alternatif pour une image, utilisé lorsque le navigateur ne peut pas l'afficher correctement. Ils sont également utilisés pour garantir l'accessibilité du Web, ce qui signifie que si une personne aveugle visite votre blog, elle lira le texte alternatif. Le texte alternatif est important pour les achats en ligne et le référencement des images, car il aide vos produits à apparaître dans Google Images. Notre conseil est de décrire dans un langage simple ce qui est montré dans l'image pour aider les personnes malvoyantes à comprendre ce qui est montré dans l'image. À son tour, cela peut également améliorer le classement de vos photos. Au lieu de « Toner pour le visage 250 ml », essayez « Image of Pixi's Glow Facial Toner 250 ml, un tonique pour le visage concentré et rafraîchissant qui nettoie les pores en profondeur ».

Titrez votre image dans un langage simple. Il s'agit du nom du fichier image enregistré sur votre ordinateur. Une fois téléchargée, son adresse Web sera la même. Idéalement, il devrait correspondre aux mots-clés de la page. Par exemple, si notre page concerne la sauce piquante habanero, nous souhaitons enregistrer le nom du fichier image sous le nom "habanero-hot-sauce.jpg". Cela signifie qu'en plus de l'affichage de la page produit dans les résultats de recherche pour « sauce piquante habanero », nous nous attendons à ce que les images de nos produits apparaissent également dans l'onglet images du moteur de recherche.

Référencement sur la page

Le référencement sur la page est la principale méthode pour indiquer directement aux lecteurs et aux moteurs de recherche de quoi parle votre site Web. Les moteurs de recherche recherchent certains éléments sur une page qui peuvent les aider à classer votre page dans les pages de résultats des moteurs de recherche (SERP). Les facteurs sur la page incluent, sans s'y limiter, la pertinence des mots clés et du sujet, les méta-informations, les extraits d'URL de page et les images.

Ici, nous aborderons les bases de la recherche de mots-clés de commerce électronique, comment déchiffrer l'intention de recherche et quelques conseils d'optimisation de contenu pour aider vos pages à se classer pour les mots-clés cibles.

1. Recherche de mots clés

Coût : 0 $ à 99 $ par mois pour les outils de référencement.

Une façon plus simple de réfléchir aux mots-clés consiste à se baser sur les requêtes que les gens utilisent et saisissent dans les moteurs de recherche. Cela se reflète souvent dans la façon dont nous parlons lorsque nous posons des questions – cela ressemble parfois à un «

discours préhistorique » où vous pourriez écrire « acheter un nouvel iPhone » au lieu de « Je veux acheter un nouvel iPhone ».

Tout d'abord, laissez-moi vous dire qu'il existe deux types de mots-clés différents : la courte traîne et la longue traîne.

Les mots-clés à courte traîne comportent deux ou trois mots et ont souvent un volume de recherche élevé, comme « shorts pour hommes », qui renvoie 38 000 recherches par mois sur l'explorateur de mots-clés ahrefs. Les mots-clés à longue traîne contenant quatre mots ou plus et un nombre de mots souvent inférieur, tels que « shorts pour hommes avec poches », génèrent 40 recherches mensuelles sur l'outil de découverte de mots-clés ahrefs.

Comment les gens utilisent les mots-clés dans les moteurs de recherche pour acheter des produits

Lorsque vous choisissez des mots-clés à classer pour votre site Web, il est utile de comprendre l'intention du terme de recherche respectif. Les termes de recherche sont répartis dans les catégories suivantes :

Les requêtes de navigation sont des requêtes saisies pour trouver un site Web ou une page Web spécifique. Par exemple, les utilisateurs peuvent saisir « Facebook » dans la barre de recherche pour trouver une page Facebook au lieu de saisir une URL dans la barre de navigation du navigateur ou d'utiliser un signet. Les requêtes d'informations commencent souvent par les mots « comment », « quoi », « pourquoi », etc. Le contenu qui fournit réellement des informations utiles est pertinent pour les classements de recherche pour ces mots-clés. Les requêtes transactionnelles sont des recherches qui indiquent l'intention de finaliser une transaction. Pour cela, vous devez saisir le nom du produit directement dans la barre de recherche, par exemple : « Samsung Galaxy ».

En ce qui concerne le parcours client, il est important de comprendre comment les gens passent de l'ignorance ou du refus du produit qu'ils recherchent à la prise d'une décision d'achat solide.

Commençons par un produit populaire comme un smartphone. Si vous êtes un utilisateur de smartphone de longue date, vous utilisez peut-être ou envisagez d'utiliser un modèle d'iPhone actuel. Mais que se passe-t-il si vous voulez voir ce qu'il y a d'autre sur le marché avant de passer à la prochaine mise à jour ? À ce stade, vous entrez dans le moteur de recherche et saisissez une requête d'informations, par exemple « meilleur smartphone ». Vous obtiendrez de nombreux articles du « guide de l'acheteur » répertoriant les 10 à 15 meilleurs smartphones, et vous cliquerez très probablement sur le premier résultat. Après avoir lu l'article, vous penserez peut-être que le nouveau modèle d'iPhone n'a pas l'air mauvais, mais vous aimez aussi le look du nouveau Samsung Galaxy. À ce stade, vous voudrez peut-être savoir comment ils se comparent en termes de fonctionnalités et de fiabilité, vous reviendrez donc au moteur de recherche et effectuerez une autre requête d'information, comme « Apple iPhone contre Samsung Galaxy ». Après avoir lu un ou plusieurs articles en première page, vous comprendrez mieux ce qu'un smartphone signifie pour vous et déciderez peut-être de donner une autre chance au nouvel iPhone. Vous revenez au moteur de recherche et saisissez la requête de transaction « acheter un iPhone ». À partir de là, vous serez probablement redirigé vers le site Web d'Apple et finaliserez la transaction. Comment choisir des mots-clés

Vous savez maintenant comment les utilisateurs évoluent dans le parcours d'achat et comment comprendre l'intention de recherche. Voyons maintenant comment effectuer une recherche par mot clé.

La recherche de mots clés peut sembler écrasante. Vous vous poserez des questions telles que « Par où commencer », « Comment trouver ce mot-clé », « Comment savoir si mon mot-clé sera classé » et « Combien cela prendra-t-il ? long?" Nous vous aiderons à obtenir des réponses à ces questions. Par où commencer avec la recherche de mots clés. Tout d'abord, réfléchissez à ce qu'est votre produit et à quelle catégorie il appartient. Par exemple, Shopify est une plateforme de commerce électronique, nous voulons donc que le site à classer pour ce terme de recherche. Quels termes généraux décrivent vos produits ? Utilisez des outils payants ou gratuits pour mieux comprendre la concurrence. Il existe de nombreux outils gratuits et payants, mais les meilleurs outils gratuits pour Chrome sont Search Surfer et MozBar, tous deux disponibles sous forme de extensions. Avec Search

Surfer, vous entrez des mots-clés dans Google et il affiche le nombre de mots-clés dans la barre d'adresse et dans les SERP. MozBar vous indique l'autorité de domaine et l'autorité d'un site Web - c'est-à-dire à quel point un site Web est digne de confiance ou puissant, et à quel point il est digne de confiance. est, respectivement. Que faire de ces données. Vous avez maintenant des idées de mots-clés à courte traîne. Commencez à filtrer les mots-clés à longue traîne qui sont pertinents pour elle. Si vous êtes une entreprise nouvelle ou en croissance, ces mots-clés à courte traîne sont souvent compétitif en termes de classement, il faut donc trouver un point de différence. N'oubliez pas que votre entreprise a acquis un avantage et a pénétré le marché grâce à sa proposition de vente unique. Il est temps de remplacer ce mot-clé par un mot-clé à longue traîne, car il peut aider vos produits à être trouvés et attirer plus de trafic. Si vous utilisez Keyword Surfer, cliquez sur l'étoile dans la barre d'adresse pour ajouter un mot-clé court à votre presse-papiers. Pour ce faire, analysez votre liste d'idées de mots-clés à la recherche de mots-clés à longue traîne. Lorsque vous avez terminé, cliquez sur Presse-papiers, trois points et Exporter. Ces données sont désormais enregistrées dans un fichier CSV que vous pouvez utiliser lors de la création ou de l'optimisation de votre site Web.

2. Faites correspondre vos objectifs de recherche et créez des pages qui correspondent à vos mots-clés.

Quel que soit le type de requête de recherche ciblé par votre site, n'oubliez pas que lors du choix des mots-clés, Google et les autres moteurs de recherche souhaitent classer les pages les plus susceptibles de passer par l'entonnoir des moteurs. Dans ce cas particulier, Google ne souhaite pas de recherches supplémentaires et ne souhaite pas que les utilisateurs cliquent en arrière et cliquent sur un autre résultat de recherche. Une fois que vous avez choisi les mots-clés à cibler, vous pouvez avoir une bonne idée de l'intention de recherche en fonction des

10 premiers résultats du SERP. Pour ce faire, recherchez simplement votre requête et notez si la page est une page d'article ou une page de produit. Pour l'instant, faites attention uniquement aux annonces gratuites et non aux annonces marquées sur le côté gauche par « Annonces » ou à toute fonctionnalité SERP telle que « Les gens demandent également », des images, des vidéos ou des informations locales.

Vous obtiendrez des résultats tels que « 9/10 pages de produits » et à partir de là, vous saurez quelle est l'intention de recherche de l'utilisateur, c'est-à-dire effectuer une transaction. Si vous faites du marketing de contenu pour votre boutique, la plupart de vos 10 entrées devraient être des articles, car les articles sont les mieux adaptés aux recherches d'informations.

Pour affiner davantage vos objectifs de recherche, vous pouvez obtenir des idées auprès de Google ou d'autres moteurs de recherche. Par exemple, si je devais créer une page ciblant la « sauce piquante habanero », regardez la case « Recherches similaires » en bas des résultats de recherche. Bref, cette liste me donne une idée de ce à quoi les utilisateurs doivent s'attendre en réponse à leurs requêtes.

Étant donné que « sauce habanero » est un mot-clé court, si un utilisateur obtient 10 résultats et ne voit toujours pas de liste cliquable, ces expressions pré-remplies peuvent l'aider à trouver la requête qu'il recherche. Je le cherche, mais je ne le trouve pas. Je ne sais pas comment l'exprimer. Je peux enregistrer ces expressions car certaines d'entre elles sont de bons mots-clés à longue traîne que je peux utiliser lors de la création de pages de produits pour obtenir un classement plus élevé. Je peux les utiliser comme sous-titres, dans les descriptions de produits ou dans les méta descriptions et les titres. Ci-dessous, nous verrons comment procéder.

Optimisez le contenu pour la visibilité sur vos pages

Coût : 0,99 $ par mois pour les outils de référencement.

L'optimisation du contenu aide vos pages à se classer plus haut dans les résultats de recherche pour vos mots-clés cibles. Les exemples incluent la personnalisation ou l'optimisation du contenu de la page, des méta descriptions et des balises de titre. L'optimisation de votre contenu sera beaucoup plus facile si vous disposez de mots-clés clairs pour lesquels vous souhaitez vous classer. La façon la plus simple de comprendre l'optimisation de contenu est de se demander : « Comment puis-je expliquer aux visiteurs de quoi parle cette page ? Vous pouvez vérifier l'état de vos pages à partir d'ici :

Le titre explique-t-il clairement le contenu de la page ?

Dois-je utiliser le mot-clé ou une variante de celui-ci dans les sous-titres ou dans le corps de la page ? Le segment d'URL contient-il des mots-clés ? Est-ce trop long ou trop court ? Le titre de la page est-il attrayant ? La méta description vaut-elle la peine d'être cliqué sur cette page ? Quel est le nom du fichier image ? Ont-ils un texte alternatif qui explique clairement ce qui est montré dans l'image ? Voyons comment nous pouvons effectuer une optimisation de contenu spécifique au site.

1. Mettez vos mots-clés dans le titre

Sur les pages transactionnelles, telles que les pages produits, l'utilisation du mot-clé focus dans le titre de la page peut avoir du sens s'il s'agit d'un identifiant, mais il est souvent mieux utilisé pour les pages de collection. Idéalement, votre produit devrait avoir un nom accrocheur. Prenez le Lip Bar par exemple. Il a une collection avec le mot-clé cible « correcteur », mais les pages produits de la collection indiquent dans quelle gamme de nuances le produit entre, ainsi que ce que fait le produit (par exemple pour le produit 6:00 Ebony Caffeine Concealer, « 6:00 Ebony" est un ensemble de produits, "" Caféine " est la fonction qu'il remplit (aide à réveiller la peau) et " Correcteur " est le nom célèbre de ce produit, probablement en raison de certains avantages SEO pour " correcteur caféiné ".

Recherchez le mot-clé et incluez-le dans votre site Web.

Mot-clé pour vos pages ne signifie pas bourrer de mots-clés ou trouver des moyens d'utiliser des mots-clés à longue traîne maladroits et grammaticalement incorrects. Il y a plus de 10 ans, classer les pages pour des mots-clés sélectionnés était une astuce, et depuis lors, les moteurs de recherche ont évolué pour comprendre de quoi parle une page et comment la classer de manière appropriée. sans en avoir besoin. Au lieu de cela, lors de l'optimisation de pages pour des mots-clés, la première étape consiste à essayer de comprendre le sujet (comme nous l'avons évoqué ci-dessus), puis à faire tout son possible pour le couvrir.

Si vous utilisez un outil de référencement payant pour obtenir des informations sur les mots-clés, il devient beaucoup plus facile de collecter des mots-clés sur un sujet donné. Cependant, cela peut toujours être fait à l'aide d'outils gratuits. Je vais vous montrer comment j'ai pu optimiser la nouvelle page Collection dédiée à la sauce piquante Habanero pour Katherine Hot Sauce. Commencez avec Google. Nous aimons regarder au bas des résultats de recherche où Google affiche une liste de recherches associées car cela vous donne une idée des recherches associées pour « sauce piquante habanero » et affiche également le contenu lui-même. verbe de complétion suggéré. Répertoriez les éléments liés à la recherche et à la saisie semi-automatique. Je lancerai ensuite un nouveau Google Doc et y mettrai tous les éléments ci-dessus. À partir de cette liste, je peux voir quelles phrases peuvent être utilisées et lesquelles peuvent être barrées ou supprimées. Ensuite, j'essaierai d'écrire une description de ma page de collection. Veuillez fournir un titre et une description. Afin que je puisse rédiger une bonne description à la fois pour les utilisateurs et pour le référencement, il serait utile que je me pose des questions honnêtes sur certaines des phrases suivantes :

Est-ce que je goûte la mangue, l'ananas ou l'ail ? Si oui, comment puis-je le partager sur le site ?

Le terme « épicé » ou « poivre fantôme » fonctionne-t-il pour moi si ma marque se concentre sur de délicieuses sauces piquantes pas trop piquantes ? Ma sauce piquante fermente-t-elle pendant la production ?

Quelle est l'importance du niveau Scoville pour mes clients ? Je pourrais facilement utiliser les réponses à ces questions dans mes écrits. Comme je l'ai mentionné plus haut, je ne vais pas fourrer toutes ces phrases. Je veux utiliser des mots individuels et les mettre en évidence uniquement au fur et à mesure que je les utilise.

Intégrez vos mots-clés dans l'URL ou l'extrait de code

Une URL est tout ce que vous tapez dans la barre d'adresse et qui se termine par .com, .ca, etc. « Escargot » apparaît après la première barre oblique. Slug et URL sont utilisés de manière interchangeable mais ils ont la même signification.

Lorsque vous choisissez un nom de domaine, l'URL est définie et ne peut pas être modifiée. Cependant, les slugs peuvent être modifiés ou personnalisés. Note. Si vous changez le slug, pensez à ajouter des redirections vers les nouvelles pages. Nous avons expliqué comment procéder ci-dessus. La raison d'inclure des mots-clés dans chaque section de la page est principalement d'expliquer aux utilisateurs et aux moteurs de recherche de quoi parle la page. Vous devez également faire attention au bourrage de mots clés dans vos URL et vos extraits de code. Obtenez cette URL :

https://kindahotsauce.shop/products/hot-sauce-habanero-hot-sauce-mild-sauce-150ml

Pensez plutôt à le placer de cette façon :

https://kindahotsauce.shop/products/hot-enough-habanero

Pourquoi? Ce type de bourrage de mots clés n'améliore pas le classement des moteurs de recherche. Les moteurs de recherche sont allés au-delà des algorithmes qui donnent la priorité à un mot-clé apparaissant plusieurs fois dans la barre d'URL. Ne nuisez pas à vos chances d'obtenir des clics en effectuant trop de correspondances de mots clés ou de bourrage d'URL.

Règles générales:

Évitez les abréviations/dièses dans les URL. Les raccourcis sont un moyen de diriger les visiteurs vers un emplacement spécifique sur une page donnée à l'aide de liens hypertextes qui, une fois cliqués, redirigent le visiteur vers un sous-titre (par exemple, dans la table des matières de cette page). . Soyez prudent avec les majuscules. Évitez d'utiliser des majuscules dans les URL et les mots courts, même pour les noms. Bien que la plupart des systèmes CMS modernes ne soient pas sensibles à la casse, il est préférable de n'utiliser que des lettres minuscules.

Utilisez des traits d'union pour séparer les mots. "/collections/mens-shorts-with-pockets" est beaucoup plus facile à lire que "/collections/mensshortswith-pockets". Essayez d'éviter les traits de soulignement et les espaces, car ils sont affichés de manière incorrecte sous la forme %20 dans les URL.

Incluez vos mots-clés dans le titre et la méta description.

Votre titre et votre méta description vous permettent d'indiquer aux utilisateurs et aux moteurs de recherche de quoi parle votre page et d'encourager les gens à cliquer dessus dans les résultats de recherche. Shopify pré-remplit les méta-titres et les descriptions avec les noms de produits/collections et les descriptions de produits/catégories, vous n'avez donc pas à vous soucier des erreurs évidentes avec des champs méta vides. Cependant, si vous ne configurez pas cette option pour chaque page, il est probable que vos métadonnées n'indiquent pas aux utilisateurs et aux moteurs de recherche de quoi parle votre page ou ne la rendent pas suffisamment attrayante pour obtenir un clic. Voici comment préparer les titres et les méta descriptions de vos pages :

Saisissez un titre de page de moins de 55 caractères. Cherchez à ajouter des mots-clés cibles pour aider les moteurs de recherche à indexer votre page, mais assurez-vous également qu'elle est facile à lire et qu'elle n'est pas écrite dans un « langage préhistorique », car les moteurs de recherche sont suffisamment intelligents pour connaître le contenu d'une page, même si les mots sont séparés par symboles. mots de fin (if, a, a, etc.). Écrivez une méta description ne dépassant pas 145 caractères. C'est là que votre page produit ou votre article de blog sera attrayant pour les moteurs de recherche. Bien que l'utilisation de mots-clés ici puisse améliorer le classement, ce n'est pas nécessaire. Concentrez-vous plutôt sur le client.

Note. Avec Ryte, vous pouvez voir à quoi ressemblent vos méta-informations sur ordinateur, mobile et plus encore.

5. Incluez des mots-clés dans votre système de dénomination d'images.

L'intégration de mots-clés dans le système de dénomination d'image signifie à la fois enregistrer un fichier avec le même nom que le mot-clé cible (par exemple habanero-hot-sauce.jpg) et utiliser le mot-clé comme texte alternatif lors du téléchargement de la boutique de fichiers. Si vous avez téléchargé beaucoup de photos et que vous ne savez pas comment nommer le fichier, utilisez des symboles distinctifs tels que habanero-hot-sauce-ingredients.jpg pour la photo de l'étiquette des ingrédients et habanero-hot-sauce-example-dish. .jpg - photo animée d'un mannequin versant de la sauce sur de la nourriture.

Comme nous l'avons dit ci-dessus à propos de l'optimisation des images, vous devez être prudent lorsque vous écrivez des attributs alt. Le texte alternatif est utilisé lorsque le navigateur ne peut pas afficher correctement les images et pour faciliter l'accès à Internet. Il est préférable de décrire ce qui est montré dans l'image dans un langage simple pour aider les malvoyants à comprendre ce qui est représenté. Si vous utilisez naturellement votre mot-clé cible lors de la rédaction de votre attribut de texte alternatif accessible, c'est très bien, mais vous devez donner la priorité à cette approche plutôt que de remplir votre texte alternatif de mots.

6. Créez des descriptions riches avec des détails sur le produit et du contenu généré par les utilisateurs.

Un extrait enrichi est un résultat de recherche qui contient des informations sur le prix d'un produit, sa disponibilité, ainsi que des informations uniques sur la quantité d'un produit dans une catégorie donnée. Le contenu généré par les utilisateurs est créé sur la base des avis et des notes de vos clients. Ils sont utiles pour en savoir plus sur un produit spécifique à partir d'une page de résultats de recherche sans avoir à visiter la page elle-même.

Selon Search Engine Land, les extraits enrichis peuvent augmenter de 30 % le nombre de personnes qui cliquent sur vos produits dans les résultats de recherche. Comparez une augmentation de 30 % des clics organiques à une augmentation de 30 % de votre budget publicitaire sur les recherches payantes : cela représente davantage de clics gratuits vers vos pages de produits. Bien que la création d'extraits enrichis et de schémas relève certainement du domaine du référencement technique, le résultat final peut en valoir la peine.

Avant de donner la priorité aux descriptions riches, sachez que Shopify inclut des données structurées et des extraits de code avancés pour les pages de produits dans tous les thèmes gratuits. Cela signifie que vous n'avez pas à vous soucier de l'ajout d'un balisage de données structurées pour obtenir des informations sur les produits dans les résultats de recherche. Les prix et disponibilités (en stock/en rupture de stock) seront automatiquement récupérés et publiés dans les SERP, mais uniquement si Google décide de les afficher. Si vous utilisez un thème tiers ou si vous avez créé votre propre thème, veuillez vérifier auprès du développeur du thème que le thème inclut des données structurées et des fonctionnalités avancées d'extraits de code avant de continuer. Si vous n'avez pas la possibilité d'utiliser des données structurées selon le schéma de votre produit, vous disposez de plusieurs options :

Codez votre thème. Comme je l'ai mentionné ci-dessus, si vous êtes techniquement compétent pour apporter des modifications au code, vous pouvez comprendre comment les adapter à votre thème. Consultez les ressources de Schema.org ainsi que les ressources de données structurées de Google pour savoir quelles valeurs saisir. Payez pour une application ou engagez un professionnel. Si l'idée de modifier un thème vous intimide, envisagez de faire appel à un professionnel ou d'essayer des applications qui vous aident à intégrer des données structurées dans vos pages :

SEO intelligent

Schéma d'application générique Schéma de balisage

Extraits enrichis pour le référencement

Programme Plus pour le référencement

Une application ou un code spécial est requis pour afficher le contenu et les évaluations générés par les utilisateurs dans les résultats de recherche. Mais avant de commencer, posez-vous quelques questions :

Avez-vous une application d'évaluation de produits ?

Votre avis est-il positif ou négatif ? Quelle est la note moyenne en étoiles ?

Si vous n'utilisez pas d'application d'évaluation de produits, Shopify propose une application gratuite d'extraits d'avis. Lorsque les utilisateurs laissent des avis, des balises sont ajoutées à votre page, et lorsque Google revient pour indexer la page et lire les données des balises, les avis sont affichés. Il existe d'autres applications de navigation de produits disponibles dans l'App Store, mais vous devez vous assurer qu'elles prennent en charge le balisage de schéma. Les extraits enrichis peuvent mettre un certain temps à apparaître dans les résultats de recherche. Ce n'est donc pas grave si vous ne les voyez pas immédiatement. Pour rechercher des erreurs, utilisez l'outil de test de données structurées de

Google et assurez-vous qu'il n'y a aucun problème de rendu.

Tirer parti du marketing des médias sociaux pour élargir votre portée

Les marques qui utilisent avec succès les médias sociaux ont le privilège de toujours participer à la conversation en ligne. Non seulement ils ont un contact direct avec les consommateurs, mais ils ont également la possibilité de s'imposer comme experts du secteur avec un contenu utile et informatif. Cependant, développer une stratégie de médias sociaux efficace est plus facile à dire qu'à faire. Les marques ne peuvent pas simplement adopter une approche de paiement et de pulvérisation, en achetant quelques publicités et en espérant qu'elles arriveront aux bons endroits. Des stratégies de médias sociaux rentables demandent du temps et des recherches. Les spécialistes du marketing doivent collecter suffisamment de données pour s'assurer d'atteindre les bons publics et d'orienter les ressources vers les domaines qui offrent le meilleur retour sur investissement.

Qu'est-ce que le marketing des médias sociaux ?

Le marketing des médias sociaux utilise une ou plusieurs plateformes de médias sociaux pour accroître la notoriété de la marque, augmenter les ventes, augmenter le trafic sur un site Web ou promouvoir un produit ou un service auprès d'un public. Le marketing sur les réseaux sociaux est un excellent moyen pour les entreprises de raconter l'histoire de leur marque, d'impliquer leurs fans et d'informer les consommateurs sur les nouveaux produits ou les tendances du secteur. Cette forme de marketing de bouche à oreille permet également aux marques d'offrir aux clients la possibilité de publier du contenu généré par les utilisateurs (UGC), tel que des avis en ligne, des avis sur des produits, etc. pour engager le public beaucoup plus efficacement que les publicités créées par la marque. Mon entreprise a-t-elle besoin des réseaux sociaux ?

Correct. Il existe actuellement 3,96 milliards d'utilisateurs actifs des réseaux sociaux. Cela représente plus de la moitié de la population mondiale. Parmi ces 3,96 milliards de personnes, chacune passe plus de 30 minutes par jour à surfer sur le Web, à faire des achats en ligne et à interagir avec ses créateurs de contenu préférés.

Avec autant d'attention accordée aux médias sociaux, que vous soyez une entreprise B2B ciblant les cadres supérieurs ou une marque B2C ciblant les consommateurs de la génération Z, votre audience est en ligne. Cependant, pour obtenir l'avantage concurrentiel ultime, les marques doivent tirer efficacement parti du marketing de contenu sur les réseaux sociaux. Un marketing de contenu optimisé combiné à une approche stratégique des médias sociaux constitue une combinaison puissante qui permet de maximiser le retour sur investissement de votre marketing numérique. Quel plan de marketing sur les réseaux sociaux sera le meilleur pour mon entreprise ?

Chaque plateforme de médias sociaux peut aider votre marque de différentes manières. Avant d'en choisir un, effectuez des recherches pour déterminer sur quelle plateforme vit votre public cible. Vous pouvez ensuite choisir les outils qui correspondent le mieux aux objectifs de votre campagne. Voici un aperçu plus approfondi de chacun d'eux.

Instagram

Instagram compte environ 130 millions d'utilisateurs aux États-Unis, dont plus de la moitié sont des Millennials. Les chercheurs s'attendent à ce que le nombre total d'utilisateurs d'Instagram atteigne 136 millions d'ici 2025.

favorable

Accès à la plupart des types d'annonces

Ciblage d'audience intuitif

Un environnement très convivial pour les auteurs

Analyse publicitaire avancée

Liens d'autocollants cliquables dans les histoires (anciennement « swipe up »)

Défaut

La publicité payante peut coûter cher aux petites entreprises

Pour de meilleurs résultats, vous aurez peut-être besoin d'un expert en gestionnaire de publicités Facebook.

Youtube

Google déploie des publicités sur YouTube, aidant ainsi les marques à accéder à la riche source de données et d'analyses sur les consommateurs fournies par le premier moteur de recherche au monde. Étant donné que vous faites de la publicité exclusivement sur une plate-forme vidéo, vous ne disposez pas d'autant d'options de conception publicitaire que sur Facebook et Instagram.

Cependant, compte tenu du nombre d'utilisateurs actifs de YouTube, le manque d'options de conception publicitaire n'est pas un inconvénient.

favorable

Accédez aux types d'annonces suivants :

bandes vidéo

Recouvrir

Interaction, enquête

Accédez à des fonctionnalités avancées d'analyse et de ciblage dans votre espace de travail Google Ads.

Potentiel de portée énorme

Défaut

Ignorer facilement les publicités

Il n'y a pas d'option pour le contenu statique

Impossible de choisir quelle vidéo sera lue en premier.

Facebook

Facebook est de loin le canal de médias sociaux le plus populaire aux États-Unis, avec 302,28 millions d'utilisateurs en 2021. Cependant, en tant que « ancien homme d'État » des médias sociaux, la plateforme a perdu une partie de son attrait au cours de la dernière décennie.

Favorable

Accès à presque tous les types d'annonces

Le canal de réseau social le plus populaire

C'est gratuit de créer une page d'entreprise sur Facebook

L'ambassadeur de marque peut facilement marquer votre entreprise

Résultats de mesure faciles

Défaut

La participation des marketeurs utilisant Facebook se retrouve sur une orbite décroissante

De nombreux spams et faux comptes

La publicité sur Facebook peut coûter cher

L'algorithme fonctionne contre les marques

Twitter

Pour le meilleur ou pour le pire, Twitter est peut-être la plateforme la plus connue pour démarrer des conversations sur Internet. Il dispose également d'un outil de création de campagne, permettant aux utilisateurs de se concentrer sur le destinataire et de créer des publicités en utilisant différents contenus et types de CTA.

Favorable

Accès aux types d'annonces suivants :

bandes vidéo

Image

Interaction/Enquête

Le destinataire visuel des fonctions ciblées

Analyse publicitaire solide

Les documents publicitaires fonctionnent mieux sur Twitter que sur d'autres plateformes

Défaut

Limites des personnages

Ce n'est pas la base la plus pratique

Mauvais suivi des conversions

Fréquent

Tiktok est peut-être le dernier acteur de la liste, mais il est également le développeur le plus rapide et compte plus d'un milliard d'utilisateurs dans le monde. Les entreprises utilisant TikTok peuvent également créer un compte de gestionnaire de publicités et utiliser les mêmes fonctionnalités que Facebook Ads Manager.

favorable

Accédez aux types d'annonces suivants :

bandes vidéo

Collection

Interaction/enquête

Toucher un public plus jeune

Les courtes vidéos deviennent populaires

Panneau de commande pratique

Défaut

Très adapté aux clients de moins de 30 ans.

L'une des plateformes publicitaires les plus chères

Options de format de contenu limitées

10 façons d'utiliser les médias sociaux dans votre entreprise

1.Publier sur les réseaux sociaux pertinents

Les marques pensent souvent qu'elles doivent être présentes sur toutes les plateformes pour avoir une stratégie de médias sociaux efficace. Mais en réalité, les marques ont simplement besoin d'être présentes là où vit leur public cible. Chaque plateforme possède des outils et des fonctionnalités uniques, mais toutes ne répondront pas à vos besoins. Tout d'abord, découvrez quelle plateforme convient le mieux à votre entreprise. Vous pouvez ensuite concentrer votre temps et vos ressources sur les canaux qui offriront le retour sur investissement le plus élevé pour votre programme.

2.Optimisez votre contenu pour chaque plateforme

Une fois que vous avez choisi les bonnes plateformes, vous devez choisir le contenu le mieux adapté à chacune d'entre elles. Le contenu photo et vidéo est le plus précieux pour atteindre les objectifs sociaux, mais les spécialistes du marketing doivent encore élaborer une stratégie pour savoir où, comment et quand les publier. Bien qu'il ne soit pas nécessaire de publier sur tous les canaux, les marques les plus performantes sont actives sur plusieurs canaux. Ils peuvent publier du contenu vidéo sur Facebook et YouTube pour présenter les histoires de leurs clients et employés. Pendant ce temps, Instagram peut être utilisé pour capturer des images fixes accrocheuses et partager des faits et des mises à jour sur votre entreprise.

3.Être cohérent

La cohérence est cruciale pour le succès du marketing de contenu sur les réseaux sociaux.

Créez un calendrier indiquant quand publier, ainsi que le type de contenu et la fréquence de publication qui intéresseront le plus votre public. Des logiciels comme HootSuite et SocialPilot peuvent vous aider à publier automatiquement en fonction de votre calendrier de contenu, vous n'avez donc pas à vous inquiéter. sur l'envoi manuel de chaque message.

N'oubliez pas que la cohérence ne se limite pas à publier régulièrement. Vous devez également maintenir la cohérence du message, du ton et de l'esthétique de votre marque sur toutes les plateformes de médias sociaux.

Conseil de pro : les marques ne prêtent souvent pas attention au style des photos qu'elles téléchargent. Choisissez une palette de couleurs ou un filtre spécifique pour votre photo et appliquez les mêmes modifications pour maintenir la cohérence.

4.Attirer les abonnés

La meilleure façon d'augmenter votre portée sur les réseaux sociaux de manière organique est de vous connecter avec vos abonnés et influenceurs. Un engagement significatif peut être aussi simple que d'aimer les publications et les pages de vos abonnés Facebook ou de les remercier dans la section commentaires lorsqu'ils partagent vos publications. Le marketing de contenu sur les réseaux sociaux consiste à établir des relations solides avec vos abonnés, et même un geste apparemment petit peut grandement contribuer à fidéliser votre marque.

GoPro peut notamment gagner du terrain en amplifiant les voix de ses abonnés et de ses influenceurs via des publications partagées. Découvrez cette superbe photo publiée par l'un des influenceurs sur le compte Facebook principal de l'entreprise.

5.Utiliser le marketing d'influence

La recherche montre que les influenceurs génèrent un retour sur investissement 11 fois supérieur à celui de toute autre méthode de marketing. Collaborer avec les créateurs de réseaux sociaux est l'un des meilleurs moyens pour les marques d'établir des relations authentiques avec les consommateurs. Les influenceurs disposent d'une base fidèle de personnes qui font confiance à leurs recommandations de nouveaux produits et services. De plus, ces créateurs produisent du contenu de qualité studio (à faible coût) que les marques peuvent réutiliser sur toutes les plateformes de médias sociaux pertinentes.

Vous réussirez mieux dans le marketing d'influence si vous trouvez un auteur qui correspond à votre mission et à vos valeurs. Une fois qu'ils utilisent votre produit, aiment votre marque et font confiance aux deux, ils n'auront aucun problème à vous donner un témoignage sincère.

6.Payez pour promouvoir votre publication

Atteindre le contenu organique sur les réseaux sociaux est de plus en plus difficile à réaliser. Collaborer avec des influenceurs est un excellent moyen d'élargir votre portée, mais la publicité payante est désormais cruciale pour le succès de votre stratégie de médias sociaux. La publicité payante vous aide à atteindre des publics spécifiques pour partager votre contenu. Cela augmente la portée, la visibilité et la notoriété de la marque. Les publicités payantes incluent souvent un bouton d'appel à l'action. N'oubliez pas de suivre la réponse et l'engagement de votre audience avec ces publicités pour optimiser les performances de votre campagne. Conseil de pro : n'oubliez pas que le marketing de contenu payant sur les réseaux sociaux ne fonctionne pas de la même manière sur tous les réseaux. La publicité sur Facebook est différente de la publicité sur Twitter, etc. Vous devrez ajuster votre stratégie pour chaque plateforme.

7.Équilibre entre publicités et contenu utile

Résistez à l'envie de constamment faire de la publicité et de parler de vos produits en ligne. Le marketing de contenu sur les réseaux sociaux consiste à créer du contenu utile aux utilisateurs lorsqu'ils sont prêts à prendre une décision d'achat. La meilleure façon de développer votre marque de manière organique est d'attirer les clients vers vous, et non l'inverse. Vous y parvenez en vous bâtissant une réputation d'autorité de confiance dans l'industrie. En créant du contenu tel que des didacticiels, des critiques de produits et des informations générales sur les leaders du secteur, vous verrez le nombre de vos abonnés monter en flèche.

Statista rapporte que 38 % des personnes interrogées considèrent les avis en ligne comme « très importants » lors de la prise de décisions d'achat, et 19 % les considèrent comme « extrêmement importants ». Recueillir des avis positifs sur votre produit ou service est un autre excellent moyen de renforcer la réputation de votre marque et de vous établir comme une autorité dans le secteur.

8.Offre récompenses

Offrir des récompenses à vos abonnés sur les réseaux sociaux sous la forme de cadeaux, de concours et d'autres promotions est un excellent moyen d'augmenter l'engagement et de créer un buzz amusant autour de votre marque. Pour la plupart des programmes de récompenses, les marques n'ont généralement besoin que d'un petit investissement, mais lorsqu'elles sont mises en œuvre efficacement, elles peuvent générer d'énormes retours sur investissement et même devenir virales.

@micahcow

J'ai dû mettre à jour le jeu de chaussures avec l'aide de @dsw. Partagez vos chaussures de printemps avec d'autres

#DSWCutLoose

+

Concours #DSW

et courez la chance de gagner une carte-cadeau DSW de 200 $!

#Notification

♫ Gratuit – Kenny Loggins

Un exemple marquant est le concours #DSWCutLoose organisé par DSW. Le détaillant de chaussures demande à ses abonnés de se filmer en train de danser sur la bande originale de Footloose et de publier la vidéo sur les réseaux sociaux pour courir la chance de gagner une carte-cadeau de 200 $. L'entreprise n'a investi que 2 000 $ en récompenses et les vidéos ont été vues plus de 8 milliards de fois sur TikTok.

9. Apprenez-en autant que possible sur votre public.

Utilisez les réseaux sociaux pour tout savoir sur votre public cible. Des outils tels que Facebook et Instagram Insights, Twitter Analytics et Google Analytics peuvent vous aider à déterminer quelles plateformes génèrent le plus d'engagement. Mais plus important encore, vous en apprendrez davantage sur le sexe, l'emplacement, l'âge, les intérêts et d'autres données de l'utilisateur. Les outils d'écoute sociale sont un moyen utile d'écouter les conversations en ligne des consommateurs sur votre marque, même s'ils ne vous ont pas tagué dans une publication.

dix.**Analyse et optimisation**

En matière d'analyse et d'optimisation, il y a deux choses à considérer.

Tout d'abord, vous devez analyser régulièrement vos mesures de marketing de contenu sur les réseaux sociaux pour mieux comprendre votre activité sur les réseaux sociaux. En découvrant ce qui fonctionne et ce qui ne fonctionne pas, vous économiserez de précieuses ressources et augmenterez votre retour sur investissement.

Deuxièmement, vous devez tenir compte de la portée de votre marque et de vos influenceurs. N'oubliez pas qu'un simple partenariat avec des influenceurs ne suffit pas. Pour tirer le meilleur parti de votre programme de marketing d'influence, vous avez besoin des bons créateurs pour votre programme.

Une plateforme de gestion des auteurs atténue ces problèmes.

Une plateforme efficace qui vous permet de filtrer les influenceurs en fonction de leur importance sur les réseaux sociaux, de leur catégorie, de leur engagement et du nombre de followers pour trouver les bons créateurs. Contribuez à votre stratégie de marketing de contenu sur les réseaux sociaux. Une plateforme de gestion des auteurs vous aidera également à suivre et à analyser les données clés, afin que vous puissiez obtenir des informations exploitables sur vos campagnes d'influence.

Au final, vous choisirez rapidement la stratégie qui vous convient le mieux. Vous pourrez également optimiser vos efforts de marketing sur les réseaux sociaux existants pour développer davantage votre entreprise. Application

L'utilisation des médias sociaux aide les marques à engager, éduquer et inspirer les clients. N'oubliez pas que les consommateurs souhaitent trouver une marque qui leur parle.

Mais votre travail consiste à trouver ces personnes. Avant de mettre en œuvre une stratégie de marketing de contenu, effectuez autant de recherches que possible pour déterminer qui cibler, où ils vivent et ce qui les motive. Ce n'est qu'alors que vous pourrez développer une approche qui connecte véritablement votre public en ligne. Êtes-vous prêt à revendiquer votre place dans l'économie créative ?

4

Convertir les visiteurs en clients

CONCEPTION DE PAGES PRODUITS CONÇUES QUI GÉNÈRENT DES CONVERSIONS

Sur une page de produit de commerce électronique, la plupart des clients finissent par prendre la décision d'acheter le produit ou de quitter le magasin. Malheureusement, cette partie de l'entonnoir de vente est souvent négligée. Alors que de nombreux propriétaires de magasins se concentrent sur l'amélioration de la page de paiement ou sur la personnalisation de ce qui se passe après qu'un utilisateur ajoute un article au panier, les acheteurs ne s'en soucieront pas si vous ne créez pas des pages de produits attrayantes.

Pour créer des pages de produits attrayantes qui généreront des conversions vers votre boutique Shopify, envisagez les stratégies suivantes :

-Comprendre et résoudre les problèmes des clients: Commencez par comprendre ce qui motive les clients à acheter votre produit ainsi que les objections et les problèmes qu'ils doivent surmonter. Cela vous aidera à créer des pages de produits qui expliquent rapidement et clairement ce qu'est le produit et pourquoi il a de la valeur.

–Mettez en évidence un appel à l'action clair: Assurez-vous que vos pages de produits incluent des appels à l'action clairs qui encouragent les visiteurs à effectuer l'action souhaitée, comme ajouter un produit à leur panier ou effectuer un achat.

-Ajoutez des vidéos ou des GIF à vos photos: utilisez des vidéos ou des GIF pour montrer votre produit sous différents angles ou illustrer son fonctionnement.

–**Commentaires et références à l'exposition :** Incluez des témoignages et des témoignages de clients pour fournir une preuve sociale et renforcer la confiance avec les acheteurs potentiels.

-**Affichage visible des preuves sociales et des garanties**: Affichez des badges de confiance, des sceaux de sécurité et des garanties pour rassurer les clients sur le fait que leurs informations sont en sécurité et qu'ils peuvent faire confiance à votre marque.

– **Vente incitative et vente croisée lorsque cela est possible**: Proposez des produits connexes ou des fonctionnalités supplémentaires qui complètent le produit principal pour augmenter la valeur moyenne des commandes.

-**Optimiser les informations sur les produits**: Rédigez des titres de produits attrayants, des descriptions de produits à fort taux de conversion et des prix bien visibles.

-Personnalisation de la page produit : Utilisez les puissants outils de personnalisation de Shopify pour créer des pages de produits visuellement attrayantes et hautement converties.

-Créez des descriptions de produits attrayantes et émotionnelles: Utilisez la narration et le langage émotionnel pour vous connecter avec votre public et rendre votre produit plus attrayant[6].

–Testez et répétez : Testez continuellement différents éléments de vos pages de produits, tels que la mise en page, les images et le texte, pour déterminer lesquels fonctionneront le mieux pour votre public et augmenteront les conversions.

-Ne laissez pas vos étagères complètement vides
Un article épuisé ne signifie pas que vous devez perdre définitivement un client. Lorsqu'un de vos produits est temporairement en rupture de stock, vous pouvez éviter de perdre des ventes futures en donnant aux acheteurs la

possibilité de laisser leurs coordonnées pour être avertis lorsque le produit sera à nouveau disponible.

Grands, une entreprise de chaussures de Brooklyn, propose souvent des baskets en édition limitée disponibles dans des imprimés spéciaux ou réalisées en collaboration avec d'autres designers. Lorsqu'une certaine taille n'est pas disponible, les clients sont invités à « sauter la file d'attente » et à recevoir une notification lorsque leur taille est de nouveau en stock.

Votre thème Shopify intègre peut-être déjà cette fonctionnalité, mais sinon, vous pouvez consulter des applications commeDe retour en stock. Vous pouvez également envisager d'autres moyens de capturer des prospects sur les pages de produits épuisés, comme un page de destination ou proposer des précommandes.

- Création de pages produits qui vendent

Vos pages produits sont l'élément vital de votre boutique en ligne. S'ils sont mal présentés ou non structurés, vous risquez de frustrer vos clients et de laisser beaucoup d'argent sur la table.

Faire un effort supplémentaire en créant des pages de produits à fort taux de conversion fera également des merveilles pour la marque et la réputation de votre magasin, vous séparant ainsi de vos concurrents. Plus vous consacrez d'efforts à vos pages de produits, plus les acheteurs seront intéressés à la fois par vos produits et par votre entreprise dans son ensemble.

Parfois, le plus petit ou le plus simple changement peut avoir un impact significatif sur votre entreprise. Commencez avec des idées fortes et répétez : vous devriez commencer à voir les taux de conversion de vos pages produits augmenter plus que jamais.

MISE EN ŒUVRE DE STRATÉGIES D'APPEL À L'ACTION (CTA) EFFICACES

Vous avez trouvé votre groupe cible, affiné le message de votre marque et choisi les bons canaux de marketing. Il est maintenant temps de rédiger l'appel à l'action parfait pour convaincre les clients de prendre les mesures qu'ils souhaitent pour votre entreprise. Des appels à l'action (CTA) convaincants dans le commerce électronique peuvent améliorer le taux de conversion de votre boutique en ligne. Que vous créiez un appel à l'action sur une page produit ou une newsletter, des boutons d'appel à l'action efficaces persuaderont les acheteurs hésitants de poursuivre leur parcours d'achat. Ci-dessous, vous apprendrez comment rédiger des appels à l'action plus efficaces et 15 exemples d'appels à l'action pour le commerce électronique.

Qu'est-ce qu'un appel à l'action dans le commerce électronique ? Un appel à l'action (CTA) est une déclaration qui indique aux clients quoi faire, souvent sous la forme d'un bouton, d'un lien ou d'un élément interactif sur un site Web. Il s'agit du principal outil permettant de convertir les visiteurs en clients en les incitant à des actions telles que « Acheter maintenant », « S'inscrire » et « En savoir plus ». Un appel à l'action (CTA) est un bouton, un lien ou un élément interactif sur un site Web qui indique aux utilisateurs quoi faire. Il s'agit du principal outil permettant de convertir les visiteurs en clients en les incitant à des actions telles que « Acheter maintenant », « S'inscrire » et « En savoir plus ». Les appels à l'action dans le commerce électronique attirent les utilisateurs vers un produit ou les encouragent à en savoir plus sur la marque ou le service. Les vendeurs utilisent des appels à l'action pour persuader les acheteurs de terminer le parcours client et d'effectuer des actions comme effectuer un achat ou s'inscrire à une newsletter. Quels sont les différents types d'appels à l'action dans le e-commerce ?

Les appels à l'action diffèrent par l'action qu'ils visent à encourager les clients à entreprendre. D'une manière générale, il existe trois types différents d'appels à l'action :

Acheter maintenant

L'appel à l'action « Acheter maintenant » encourage les acheteurs à effectuer un achat. Pour cette raison, il s'agit du type de CTA le plus agressif. Votre objectif avec cet appel à l'action est de présenter aux clients des offres pertinentes pour les convaincre d'effectuer un achat.

Acheter maintenant

L'appel à l'action « Achetez maintenant » encourage les gens à explorer votre collection de produits. Ce type d'appel à l'action fonctionne bien pour atteindre les personnes de votre public cible qui ne connaissent peut-être pas votre marque.

Par exemple, si vous ciblez une campagne de chaussures Instagram sur un public inconnu, un CTA « Acheter maintenant » aura plus de sens qu'un CTA « Acheter maintenant ». Les acheteurs potentiels ont la possibilité de voir votre collection au lieu de se sentir obligés de procéder à un achat immédiat.

La sagesse marketing dit que les acheteurs doivent interagir avec une marque de commerce électronique environ sept fois avant de se sentir à l'aise pour effectuer un achat. C'est ici que les appels à l'action stratégiques peuvent être ciblés sur les clients qui connaissent moins bien votre entreprise, les invitant à passer du temps avec vos produits, votre marque et votre philosophie.

Combien d'appels à l'action devez-vous inclure dans votre contenu marketing ? Pour les campagnes par e-mail, il est préférable d'utiliser un appel à l'action. Un appel à l'action attire l'attention sur votre message, améliore la lisibilité et facilite la collecte d'analyses. Vous pouvez inclure un bouton CTA supplémentaire dans votre article de blog. Par exemple, en plus de demander aux lecteurs d'acheter votre produit, vous pouvez leur demander de télécharger un livre électronique, de lire un article de blog qui complète la page sur laquelle ils se trouvent ou de s'inscrire à votre newsletter par courrier électronique. Une partie importante de l'optimisation des CTA consiste à tester A/B de nouveaux CTA sur votre site Web et à déterminer lesquels sont les plus efficaces.

Comment rédiger un appel à l'action pour le commerce électronique

Rédiger des appels à l'action convaincants est un peu plus stratégique que de répandre des instructions tout au long de vos campagnes de marketing par e-mail ou de votre boutique en ligne. Utiliser un langage positif, prendre en compte le parcours client et placer des appels à l'action en haut de l'écran ne sont que quelques techniques de rédaction qui méritent d'être prises en compte :

Regardons l'étape de l'entonnoir
Enchérissez d'avance avec un faible risque
Utilisez l'urgence pour augmenter les conversions

Testez différentes couleurs

Utilisez un simple bouton CTA et copiez

Utilisez une image de héros captivante

Gardez-le au-dessus du pli

1. Considérez l'étape de l'entonnoir

L'entonnoir marketing décrit le parcours qu'un client suit depuis la première découverte de votre marque jusqu'à l'achat de votre produit et au-delà. Les canaux représentent vos interactions avec les clients et identifient leurs besoins à chaque étape de la relation.

Le but de la planification des étapes de l'entonnoir est de tracer le chemin vers la conversion. Les appels à l'action conduisent à des actions appropriées à chaque étape de l'entonnoir.

À un niveau élevé, l'entonnoir marketing se compose de trois parties :

Le sommet de l'entonnoir (TOFU) est l'étape de sensibilisation où les gens découvrent votre produit. Le milieu de l'entonnoir (MOFU) est l'étape d'intérêt et de décision, où les gens recherchent des solutions.

Le bas de l'entonnoir (BOFU) est l'étape d'action où les gens sont prêts à acheter. Savoir quelle étape de l'entonnoir votre site Web ou votre publicité cible vous aidera à choisir le bon appel à l'action. Par exemple, les nouveaux lecteurs de blog répondront à un appel à l'action pour acheter différemment des abonnés par e-mail intéressés ou des clients réguliers.

Voici comment le vendeur Shopify Pura Vida utilise les appels à l'action dans son entonnoir marketing

CTAS EN VOP-APS TEMPORAIRES

Lorsque vous visitez le site Web de la bijouterie Pura Vida Bracelets, une fenêtre apparaît affichant une offre de

20 % de réduction en échange de votre nom, de votre adresse e-mail et de votre numéro de téléphone.

C'est un appel à l'action simple et attrayant pour les premiers acheteurs, car qui n'aime pas 20 % de réduction ? Les messages SMS appellent à l'action

Après avoir rempli le formulaire dans la fenêtre pop-up, Pura Vida vous enverra un e-mail de confirmation et un SMS avec votre code de réduction. Le message SMS contient un appel à l'action texte qui vous permet de cliquer sur le lien et d'utiliser le coupon. Cet e-mail comprend un appel à l'action « Offrez-vous » pour encourager les gens à cliquer.

Les clients sont désormais plus profondément engagés dans l'entonnoir marketing et dans la phase de prise de décision. Ils connaissent votre marque et ce qu'elle propose, donc un appel à l'action plus direct peut être acceptable.

AJOUTER AU PANIER

Pura Vida facilite l'ajout d'articles à votre panier. Vous pouvez en savoir plus sur le produit sur la page du produit et l'ajouter à votre panier à partir de là ou directement à partir de la page de catégorie en utilisant l'appel à l'action Ajouter au panier.

Une fois que vous avez sélectionné le produit souhaité, vous pouvez passer la commande dans votre panier en cliquant sur l'invite de paiement. Ces appels à l'action ciblés sont utilisés pour engager les visiteurs avec le bon appel à l'action en fonction de leur intention et de leur position dans l'entonnoir de vente. Lorsque vous créez votre appel à l'action, réfléchissez à la manière d'engager les clients en fonction de leur comportement et de leur état d'esprit. Cela aidera à diffuser votre message et encouragera les gens à donner suite à vos suggestions.

2. Enchérissez d'avance avec un faible risque

Les clients potentiels interagiront facilement avec votre entreprise. Les gens sont plus susceptibles de cliquer sur un bouton qui ne nécessite pas de temps, d'argent, de données ou d'efforts. Vous pouvez ensuite diriger les gens vers une page de destination qui vous donnera une autre opportunité de réaliser une vente.

En offrant quelque chose de valeur en échange de quelque chose de valeur ou d'effort relativement faible, vous encouragez les clients à participer. Par exemple:

Vous pouvez offrir aux clients un produit gratuit avec achat ou une remise.

Vous pouvez lier votre offre à un appel à l'action qui demande un suivi sur les réseaux sociaux ou une inscription par e-mail. Un bon exemple d'appel à l'action à faible risque est Colourpop offrant 15 % de réduction en échange d'une adresse e-mail. Il s'agit d'une offre à faible risque pour les clients car ils n'ont à prendre aucun.

engagement autre que la fourniture d'une adresse e-mail pour obtenir une bonne remise.

Utilisez l'urgence pour augmenter les conversions

Lorsque les acheteurs estiment que leurs options sont limitées, ils sont plus susceptibles d'acheter. Cela crée un sentiment d'urgence qui, selon les tests, peut augmenter les taux de conversion. Avec des appels à l'action, vous pouvez augmenter l'urgence des ventes et des offres dans votre boutique en ligne.

Par exemple, vous pouvez indiquer lorsqu'un article est en rupture de stock via une campagne par e-mail ou créer des offres à durée limitée avec des expressions telles que « Acheter maintenant – disponible uniquement jusqu'à minuit ».

Remarquez comment Pura Vida utilise l'urgence dans l'exemple ci-dessous. Les commerçants affichent un message de compte à rebours en haut de la page de paiement.

4. Testez différentes couleurs

Bien qu'il n'existe pas de couleur de bouton unique qui convertisse le mieux, il est important de vous assurer que vous utilisez une couleur qui attire les visiteurs et reflète votre marque. Une façon de le savoir est d'utiliser les tests A/B.

Créez plusieurs versions du même bouton CTA dans différentes couleurs pour voir quelle version vous offre un taux de clics plus élevé. Voici quelques conseils à prendre en compte lors du choix d'une couleur d'appel à l'action :

Utilisez un espace blanc autour de votre appel à l'action pour indiquer clairement où cliquer.

Choisissez des couleurs très contrastées qui se démarqueront sur vos pages Web. Tenez compte des polices, des ombres et d'autres fonctionnalités de conception.

Utilisez un simple bouton CTA et copiez

Il faut 50 millisecondes à un visiteur pour se faire une opinion sur votre site Web ou votre publicité. Cela rend la simplicité indispensable. Une façon de simplifier vos appels à l'action consiste à utiliser des boutons qui dirigent l'attention des visiteurs vers l'action que vous souhaitez qu'ils entreprennent. Bien que la plupart des thèmes Shopify incluent déjà des boutons d'appel à l'action, assurez-vous de placer ces boutons au bon moment dans le parcours client.

Astuce : Ajustez le texte du bouton en fonction de votre catégorie de produits et de votre marché cible. Par exemple, si vous vendez du café, essayez de modifier votre texte d'incitation à l'action de « Acheter maintenant » à « Commencer à préparer » et voyez si cela contribue à améliorer vos conversions.

6. Utilisez une charmante image de héros

Vous pouvez utiliser les images vedettes – les images principales qui se démarquent sur votre site Web – pour mettre en valeur des produits ou des collections. Les images sont souvent utilisées comme appels visuels à l'action. N'oubliez pas d'inclure un lien vers l'image principale sur la page de votre produit ou de votre collection pour aider les visiteurs à acheter plus rapidement. Il s'agit d'un magasin de jeux vidéo appelé Gamestop qui utilise une image de héros comme appel à l'action sur sa page d'accueil. Le site Web utilise des images pour encourager les clients à en savoir plus sur le jeu, et cliquer sur l'image d'un personnage les amène à une page produit où ils peuvent effectuer un achat.

7. Gardez-le au-dessus du pli

L'expression « en rayon » vient du journalisme, car les articles les plus importants apparaissent dans la moitié supérieure de la première page d'un journal – la moitié que vous voyez lorsqu'il est en kiosque. Au-dessus du « pli » de la vitrine se trouve la zone de vitrine que vous voyez avant de faire défiler ou de glisser vers le bas. C'est ce que verront les visiteurs dès qu'ils entreront dans votre boutique en ligne. Si vous parvenez à capter l'attention d'un visiteur au-dessus de la ligne de flottaison, il y a de fortes chances qu'il continue à cliquer et à naviguer dans votre boutique.

Dans cet exemple, le vendeur Shopify, Dr. Squatch, place toutes les informations dont les clients ont besoin en haut du défilement de la page d'accueil. Il comprend un bouton d'appel à l'action bien visible ainsi que toutes les options de menu en haut. Un texte simple et une photo principale présentent les produits les plus vendus de la marque.

15 exemples d'appels à l'action efficaces dans le commerce électronique

Jetons un coup d'œil aux entreprises qui utilisent efficacement les CTA sur les plateformes de médias sociaux, sur leurs sites Web et dans votre boîte de réception. La liste ci-dessous est divisée par chaînes :

Facebook et Instagram

Site web

E-mail

Exemples de CTA de commerce électronique sur Facebook et Instagram

1. abri

Une fenêtre contextuelle mémorable sur la page d'accueil d'ideAWAY utilise des émojis et invite les visiteurs à discuter avec Ashy, un entraîneur international de fitness, pour encourager les gens à s'inscrire à une liste de marketing par messagerie instantanée pendant leur temps et leur écriture.

Ce bouton fonctionne pour deux raisons : l'icône Messenger informe les abonnés que la conversation va s'ouvrir dans Messenger. Il a été démontré que l'utilisation de mots comme « mon » et « moi » au lieu de « votre » et « vous » augmente les taux de conversion jusqu'à 90 %.

2.femelle stratège

Le créateur de modèles Canva Ladystrategist organise un mini webinaire pour vous aider à atteindre des clients potentiels avec des publicités Facebook. Il existe une courte vidéo sur l'optimisation des médias sociaux qui détaille votre proposition de valeur client. Ladystrategist utilise ensuite ce contenu pour annoncer 80 % de réduction sur ses produits.

Dans les textes d'appel à l'action, les marques utilisent des mots qui encouragent l'action, tels que « concevoir », « dire » et « dépenser ». Cela encourage les clients potentiels à profiter de cette opportunité et à leur faciliter la vie.

3. Bon de mission

Slidequest atteint son groupe cible en utilisant ses propres produits pour créer des publicités. La vidéo montre des modèles et des infographies disponibles pour votre campagne de marketing numérique. Dans la vidéo, Slidequest utilise une combinaison de couleurs vives pour attirer l'attention et un fond blanc cassé pour augmenter le contraste. Pour susciter l'intérêt, la marque utilise des expressions telles que « téléchargements illimités » et « mises à jour à vie », tout en mentionnant également des programmes populaires comme Adobe Illustrator et PowerPoint. Le plus intéressant est la réduction de 50 % offerte par Slidequest si les téléspectateurs agissent immédiatement. Cela augmente le niveau d'urgence car l'offre n'est disponible que pour une durée limitée, ce qui encouragera les clics.

4. Séphora

Sephora utilise Instagram Stories pour créer un sentiment d'urgence. Sephora a gardé la publicité simple : juste quelques mots sur fond jaune avec un bouton CTA blanc visible. L'expression « Ne manquez pas » est au premier plan, et comme il s'agit d'une histoire, les téléspectateurs n'ont que 24 heures pour cliquer sur ce lien avant qu'il ne disparaisse. Même si nous ne savons pas encore quelle est la proposition, le délai est urgent. Cela encourage les abonnés à consulter quotidiennement la page Sephora IG au cas où une autre offre apparaîtrait sur Stories.

5.5 Serviettes burger

5 Napkin Burger est un restaurant de hamburgers new-yorkais qui souhaite attirer de nouveaux clients locaux et créer une base de données pour ses futurs efforts de marketing. C'est pourquoi 5 Napkin Burger a lancé une publicité Messenger avec un bouton CTA, afin que les visiteurs potentiels puissent obtenir un hamburger spécial deux pour un. Grâce à l'appel à l'action, la campagne

publicitaire a donné lieu à plus de 450 remises en magasin et à une augmentation de 20 % de la valeur moyenne des commandes.

6. Ascenseur

Il est clair que l'objectif de Lyft est de vous aider à télécharger l'application. En plus de la publicité lucrative (50 % de réduction sur vos cinq premiers trajets), elle utilise également une photo d'une personne portant un masque pour indiquer subtilement que vous serez en sécurité lorsque vous voyagez avec Lyft. La description et l'appel à l'action clair vous encouragent à cliquer sur le bouton de téléchargement.

7. Walmart

Walmart a lancé une campagne publicitaire sur Facebook pour démontrer son leadership en matière de développement durable lors de la Semaine du climat 2020. L'entreprise a utilisé des publicités carrousel sur

Facebook pour présenter une série de vidéos faisant la promotion de son travail et encourageant les téléspectateurs à surmonter tout préjugé cognitif qu'ils avaient à propos de leur marque. Si les acheteurs souhaitent plus d'informations, ils peuvent cliquer sur l'appel à l'action qui les amène vers une autre page de destination. Exemple de CTA de commerce électronique pour un site Web

8. Créations Mattel

La page d'accueil de la boutique d'objets de collection de la marque de jouets Mattel comporte plusieurs boutons CTA indiquant « Acheter maintenant », chacun accompagné de l'image d'un personnage et d'une courte phrase qui plaira aux fans du film, du genre ou du genre. séries de sports et de jouets. En ajoutant des appels à l'action pour les produits populaires sur sa page d'accueil, Mattel cible les publicités sur les utilisateurs visitant le site à la recherche d'un produit spécifique. Cela réduit le temps que les utilisateurs passent à naviguer sur le Web et les amène plus profondément dans l'entonnoir de vente.

9. ModeNouveau

Lors de la visite duMode Sur le site Nova, une fenêtre d'offre apparaît qui attire l'attention du visiteur du site et constitue un bon début dans l'entonnoir de vente du site. Une transaction inattendue peut avoir plusieurs conséquences. Premièrement, cela peut encourager les visiteurs à acheter quelque chose sur la page de destination de Fashion Nova alors qu'ils naviguent par curiosité. Cela peut également obliger les clients à acheter plus que prévu pour profiter pleinement d'une bonne affaire.

Le pop-up Fashion Nova est simple mais audacieux. Il utilise de l'or pour inciter les visiteurs à l'associer à quelque chose de précieux et ressemble à un billet de loterie. L'objectif est que les clients se sentent heureux et enthousiastes lorsqu'ils accèdent au site Web et reçoivent des incitations.

10. Faux

La marque de vêtements pour hommes Zanerobe attire des clients potentiels sur son site Web à l'aide de notifications push, une forme d'engagement qui se traduit souvent par des taux de clics (CTR) élevés. Lorsque vous parcourez votre boutique, une petite fenêtre contextuelle apparaît en haut de l'écran avec un appel à l'action. Les téléspectateurs peuvent cliquer sur « Je participe ! » Inscrivez-vous aux notifications push et accédez aux nouveaux produits et promotions.

11. Vie pure

Bien que cette section de la liste contienne quelques exemples de CTA de commerce électronique efficaces intégrés aux popups, tout le monde n'est pas fan des popups. Ils apparaissent partout sur Internet, souvent dès que vous visitez un site Web.

Pour lutter contre cela, Pura Vida utilise des appels à l'action bien intégrés avec les pages de catégories. Lors de votre navigation, vous pouvez facilement vous abonner à notre liste SMS et bénéficier de 20 % de réduction sur votre commande. Incluez un appel à l'action « Inscrivez-vous ! » pour inciter à l'action.

12. Fabriqué à la main

La bijouterie pour hommes Craftd utilise des fenêtres contextuelles pour attirer votre attention, partager des messages ciblés et créer votre liste de diffusion. Si vous êtes un nouveau client, Craftd vous offrira 10 % de réduction sur votre première commande en échange de votre adresse e-mail. Le module CTA est bien conçu et pertinent pour le public. Il n'y a aucune interruption puisque le magasin se cache en arrière-plan, obtenant davantage de conversions. Exemple d'appel à l'action par e-mail

13. Bureau Bong

Cotton Bureau, un magasin qui vend des T-shirts graphiques et imprime des designs personnalisés, utilise la publicité par courrier électronique en suivant de nombreuses bonnes pratiques du CTA. Les offres spéciales sont en gras pour que vous ne puissiez pas les manquer. Le texte publicitaire du Cotton Bureau crée un sentiment d'urgence car il s'agit d'une opportunité « jusqu'à épuisement des stocks ». Le bouton d'appel à l'action est grand et impossible à manquer. Veuillez noter que tout cela se passe en haut de la boîte de réception du client.

14. Buck Mason

Cet e-mail de Buck Mason, une marque de vêtements basée en Californie, contient plusieurs appels à l'action qui correspondent au contenu environnant. Pour « Surplus Cotton Group », l'e-mail utilise les spécifications du champ du magasin CTA. Pour les listes de lecture musicales, l'appel à l'action est simplement « Écouter ».

Un appel à l'action contextuellement ciblé peut rendre un e-mail plus pertinent et personnel qu'un simple bouton. Si vous souhaitez promouvoir différents produits ou services dans vos e-mails, créez différents boutons CTA qui créeront un lien vers chaque action.

15. Cuillère à céréales magique

Les lecteurs reconnaîtront immédiatement l'appel à l'action dans la ligne d'objet de l'e-mail Magic Spoon : « Comment guérir votre cas de lundi ». Cela permet à votre contenu de rivaliser avec les autres e-mails dans les boîtes de réception de vos clients.

La conception des e-mails de Magic Spoon permet également de comprendre facilement ce qui se passe et comment procéder. La palette de couleurs roses accrocheuse et les images créatives attirent immédiatement l'attention et mènent directement au bouton d'appel à l'action violet vous invitant à « Commander maintenant ».

Créez des appels à l'action convaincants pour vos campagnes de commerce électronique.

Vous avez besoin d'un appel à l'action clair et convaincant pour améliorer les performances de votre commerce électronique. Essayez ces trucs et astuces sur votre site de commerce électronique ou vos campagnes sur les réseaux sociaux. Testez ce qui fonctionne et changez ce qui ne fonctionne pas, puis regardez vos ventes augmenter.

CONSTRUIRE LA CONFIANCE ET LA CRÉDIBILITÉ GRÂCE AUX AVIS ET TÉMOIGNAGES DES CLIENTS

Imaginez que vous visitez une nouvelle boutique en ligne pour la première fois. Vous ne savez rien de la marque, de la qualité de ses produits et de son engagement envers la satisfaction client. Si vous êtes comme la plupart des acheteurs, vous recherchez probablement les avis de clients précédents ou actuels pour confirmer que l'entreprise répond à vos besoins.

Cependant, si votre boutique en ligne est nouvelle et n'a pas encore de ventes (et donc pas d'avis ou de preuve sociale), comment pouvez-vous combler le fossé de confiance pour créer de la confiance ? des informations pour les clients potentiels ? Il s'agit d'un problème difficile auquel presque tous les entrepreneurs en démarrage sont confrontés.

La confiance des clients est plus difficile à gagner sans clients. Cependant, avant qu'ils décident d'acheter chez vous, vous devez établir un climat de confiance avec les clients. Heureusement, en tant que débutant, vous disposez de plusieurs façons de résoudre ce casse-tête, de gagner la confiance et de développer votre activité de commerce électronique. Que vous opérons dans le commerce électronique ou dans la fabrication industrielle, instaurer la confiance est essentiel en matière de marketing de contenu.

Il existe une poignée de marques qui n'ont plus besoin d'instaurer la confiance en raison de leur grande taille. Je parle de Nike, Apple, Target, etc. Les gens savent que ces entreprises sont légitimes et peuvent donc s'exprimer.

Cependant, ceux d'entre nous qui ne dirigent pas ces entreprises doivent faire tout ce qui est en leur pouvoir pour gagner et conserver la confiance. Une façon d'augmenter la réputation de votre marque est d'être stratégique et de mettre en avant les avis des clients sur votre site Web. L'utilisation d'excellents avis de vrais clients indique aux utilisateurs que vous êtes une marque digne de confiance. Points bonus si vous obtenez un vote de confiance d'uninfluenceur.

Si vous l'avez fait, vous êtes sur la bonne voie. Mais si vous n'utilisez pas de témoignages, d'avis ou quoi que ce soit de similaire, cela doit être modifié dès que possible.

Voici neuf stratégies pour gagner la confiance de vos clients et leur fournir un service exceptionnel afin que vous puissiez commencer à développer votre activité de commerce électronique à partir de zéro.

9 façons de gagner la confiance des clients avec zéro vente

1. Publiez les avis des clients sur votre page d'accueil.

Vous avez des avis, mais peut-être qu'ils sont cachés sur une page séparée ou que vous ne les affichez pas du tout !

Pourquoi cacher une ressource si précieuse ? Il n'y a rien de mal à avoir une page entière d'avis sur votre site Web. Mais vous devriez trouver les plus populaires et les afficher sur votre page d'accueil. Ici, vous pouvez profiter de différents types de témoignages et d'avis en ligne, notamment des citations, des captures d'écran de publications sur les réseaux sociaux et des critiques vidéo. Il est suffisamment flexible pour s'adapter facilement à la plupart des pages d'accueil. Jetez un œil à cet exemple de Backlinko :

Les critiques de Brian Dean sont la deuxième chose que vous voyez lorsque vous parcourez sa page d'accueil. Il n'y en a que deux, mais ils sont utilisés très efficacement. Les avis incluent des photos, des témoignages et sont la première chose que vous voyez sur son site Web lorsque vous faites défiler vers le bas. Il fournit la preuve sociale que ses prospects recherchent avant même de commencer leurs recherches. Il profite pleinement de ces retours.

Ceux d'entre vous qui ont des avis ont déjà une longueur d'avance. Trouvez deux ou trois des meilleurs et présentez-les sur votre page d'accueil.

2. Transformez les témoignages en études de cas

Un devis qui montre l'historique de satisfaction d'un client sur votre site Web est une bonne chose. Même génial !

Prendre cette citation et en faire une étude de cas ? Super. Non seulement vous créez du contenu pertinent pour votre site Web, mais vous montrez également à quel point vous avez travaillé dur pour plaire à vos clients et comment vous pouvez aider les futurs clients. De plus, les visiteurs pourront voir le processus que vous utilisez pour résoudre le problème. Jetez un œil à cet exemple de HootSuite :

HootSuite étaye ses affirmations par des études de cas.

Il existe près d'une douzaine d'études de cas sur ce site HootSuite qui prouvent que certaines des plus grandes entreprises lui font confiance. L'entreprise fait de grandes déclarations telles que "Le WWF a reçu 560 000 mentions en faveur du lancement de la campagne", puis dit : "Voyons comment cela se passe". C'est une preuve de stéroïdes.

3. Créez une page de destination distincte pour votre avis.

Comme je l'ai dit, mettez en surbrillance les meilleures pages sur votre page d'accueil, puis créez une page distincte réservée aux avis.

Un grand nombre d'avis positifs augmentera la crédibilité de la réponse. À qui ferez-vous davantage confiance ? Une entreprise avec quelques avis ou une entreprise avec des dizaines d'avis ? Donnez un titre à votre page comme « Histoires de réussite de clients » si vous craignez que la page soit intitulée « Regardez-nous ! Nous sommes cool et tous ces gens sont d'accord. »

Avec ces pages spéciales, vous pouvez vraiment faire preuve de créativité. Vous pouvez ajouter des témoignages vidéo, des citations de photos – vous pouvez même ajouter des captures d'écran de vos publications et tweets LinkedIn (et fournir un lien vers la source). N'oubliez pas d'ajouter un bouton pour que les autres clients puissent partager leurs avis. Facilitez-leur la tâche et vous aurez de meilleures chances d'obtenir plus d'avis. Booker a fait un excellent travail avec sa page d'avis, alors regardons un bon exemple :

Booker commence par une étude de cas vidéo (heureusement, la vidéo ne se lance pas automatiquement).

C'est le titre de la page de critique de Booker. Tout a commencé avec un enregistrement vidéo du nom de la cliente, prétendument de son visage, et de ses informations d'identification. Ce n'est pas comme une critique écrite car vous devez regarder la vidéo, mais cela fait passer les visuels ainsi que la critique au niveau supérieur. Mais Booker ne s'est pas arrêté là.

Il y a plus d'une critique vidéo sur cette page. Vous pouvez lire les avis des clients Booker satisfaits.

Le menu coulissant du témoignage vidéo affiche un extrait de l'avis, les noms de l'entreprise et du client, ainsi que le visage du client. Vous n'êtes pas obligé de regarder la vidéo si vous souhaitez simplement lire le passage, mais si vous souhaitez en savoir plus, vous pouvez regarder la vidéo.

Mais encore une fois, Booker ne s'est pas arrêté là (pour être honnête, la société est allée encore plus loin en créant ce site d'avis) :

C'EST EXACT. Booker propose non seulement des critiques vidéo, mais également de nombreuses critiques écrites de clients.

Tous les clients ne se sentent pas à l'aise pour parler devant une caméra. Ils sont toujours satisfaits de votre produit ou service, mais ils hésitent à prendre des photos, ils préfèrent donc écrire sur combien ils aiment travailler avec votre entreprise.

En plus des critiques vidéo, Booker propose également un curseur avec des critiques écrites qui prouvent vraiment que les gens aiment le service qu'ils proposent. Booker fait également quelque chose d'unique ici : un système de notation par étoiles.

Nous sommes habitués à être des stars des restaurants et des films, mais qu'en est-il des entreprises ? Renouveler.

Mais attendez! Manger plus. C'EST EXACT!!!! Il existe de nombreuses études de cas sur le site d'évaluation Booker.

Booker a vraiment fait le plus sur ce site. L'entreprise prouve simplement que tous les conseils de cet article sont corrects !

Comme mentionné ci-dessus, transformer des témoignages en études de cas est un moyen efficace de montrer aux clients potentiels à quel point vous travaillerez dur pour résoudre leurs problèmes et les résultats positifs qui peuvent en résulter peuvent en être obtenus.

Et puis, comme preuve sociale supplémentaire, Booker mentionne ses récompenses et ses clients actuels :

Bon, maintenant le groupe joue !

Applaudissements lents pour Booker.

En ajoutant ses récompenses et ses reconnaissances, Booker montre que non seulement les clients évaluent ses produits comme étant excellents, mais aussi des tiers objectifs. La liste de clients actuelle est le résultat des avis des clients précédents, mais l'affichage des clients actuels montre qui est suffisamment satisfait du produit pour l'utiliser maintenant. Ou peut-être que Booker avait déjà publié des témoignages de clients actuels sur le site et c'était une façon pour l'entreprise de dire : « Vous voyez ? Ils sont toujours satisfaits de nos produits. Pourquoi ne nous avez-vous pas encore appelé ?

Votre page d'avis dédiée n'a pas besoin de contenir autant d'informations que celle de Booker pour être efficace. Ceci n'est qu'un exemple parfait de ce qu'un site Web peut faire. Si vous souhaitez simplement que le site publie des critiques de films, ce n'est pas un problème. Voulez-vous que votre site Web contienne uniquement des critiques textuelles ? D'accord (mais ajoutez la photo de l'acheteur). Les avis sont l'endroit où vous pouvez vous vanter un peu et les clients potentiels peuvent vérifier que vous êtes aussi bon que vous le prétendez.

1. Partagez le côté humain de votre entreprise

En tant que consommateurs, nous ne faisons pas confiance aux marques à première vue. Après tout, leur objectif ultime est de gagner de l'argent. Cependant, nous sommes plus ouverts à faire confiance aux personnes et aux marques.

Ainsi, une façon de surmonter le scepticisme des consommateurs est de montrer le côté humain de la marque. Pensez à vous présenter aux clients en tant que personne derrière l'entreprise, surtout si cela ajoute de l'authenticité et de la crédibilité à votre marque. Par exemple, si vous vendez des produits que vous fabriquez vous-même. Laissez votre équipe d'assistance partager sa personnalité et se connecter avec les clients à un niveau personnel.

Un excellent endroit pour commencer à gagner la confiance de vos clients est la page « À propos de nous » de votre site Web. En vous concentrant sur vous en tant que propriétaire d'entreprise et pas seulement sur votre produit, vous pouvez raconter votre histoire et celle de votre marque en même temps. Cela aide les clients à mieux vous comprendre, ce qui constitue également la base de leur confiance dans votre entreprise. Non seulement cela reflète l'expérience personnelle du propriétaire du magasin dans l'industrie et met en valeur son expertise, mais cela le contraste également avec le statu quo et explique pourquoi il souhaite tirer le meilleur parti de ses clients. .

Cela crée le type de lien émotionnel avec les clients que seule une petite entreprise peut offrir. Ces deux facteurs - savoir qu'ils sont bien informés et qu'ils sont de vraies personnes - nous aident à nous sentir mieux lors de nos achats dans leurs magasins, ce qui peut en fin de compte améliorer la fidélisation de la clientèle et contribuer à bâtir une clientèle fidèle.

De même, vous pouvez ajouter un visage humain à votre entreprise en mêlant votre histoire personnelle à celle de votre marque.

2. Établissez des relations avec votre contenu

Le contenu est un outil puissant pour vous connecter avec de nouveaux utilisateurs qui ne savent pas qui vous êtes, et il vous donne la possibilité de vous présenter lentement à eux sans être poussé. C'est également un moyen évolutif de renforcer la confiance des clients.

Créer et publier régulièrement du contenu peut montrer que vous êtes investi dans votre entreprise, votre secteur et les problèmes de vos clients, ce qui est toujours un bon signe pour les consommateurs. Le contenu peut également aider les consommateurs à mieux comprendre votre marque, surtout si vous partagez votre histoire et développez une voix de marque claire. Ces deux éléments mettront en valeur la personnalité de votre marque et donneront aux gens le sentiment qu'ils vous connaissent vraiment et peuvent vous faire confiance. Non seulement le contenu est excellent pour gagner la confiance des clients en premier lieu, mais il est également excellent pour maintenir la confiance des clients. Par exemple, le contenu éducatif est essentiel pour fournir un excellent service client. Un contenu utile pour vos clients leur permet d'obtenir des réponses et des solutions à leurs problèmes sans avoir à décrocher le téléphone.

Encourager les discussions qui vous permettent d'entrer en contact avec les gens est également utile. Même si un utilisateur laisse simplement un court commentaire, cela vous donne une opportunité précieuse de lui parler directement, d'établir une relation personnelle via son écran et de l'inviter à nouveau à la conversation. Le marketing de contenu est également une manière unique de présenter vos connaissances. Si les consommateurs voient que vous connaissez vraiment votre produit en tant que propriétaire de magasin, ils feront confiance à la qualité du produit ou du service que vous fournissez. Par exemple, une entreprise de matelas comme Casper peut utiliser son blog pour démontrer qu'elle sait quelque chose sur la façon de passer une bonne nuit de sommeil.

3. Montrez à vos clients que leur sécurité est la chose la plus importante pour vous.

Les deux premières stratégies visent à démontrer votre crédibilité en tant qu'entreprise. C'est un début important. Mais vous voulez également vous assurer que le site Web lui-même semble digne de confiance. La cybersécurité est un problème majeur et les pirates informatiques mettent en danger des réseaux majeurs comme Target. Il est donc raisonnable que les consommateurs ne souhaitent divulguer à personne les informations relatives à leur carte de crédit. De mauvais protocoles de sécurité constituent l'un des moyens les plus rapides de perdre la confiance des consommateurs.

Une façon de résoudre ce problème consiste à utiliser des applications de sécurité qui non seulement ajoutent une autre couche de protection, mais fournissent également des informations aux clients en affichant des badges de sécurité sur votre boutique (par exemple, comme le badge Shopify Secure). Le plugin Shopify Trust Site Trust Badges en est un parfait exemple. Non seulement cela contribue à protéger les informations des utilisateurs, mais il est également très utile d'inclure le logo d'une entreprise de sécurité bien connue sur votre site Web, ce qui peut contribuer à améliorer les conversions. Proposer plusieurs options de paiement est une autre façon d'augmenter l'expérience d'achat de vos consommateurs avec vous. Certains acheteurs préfèrent simplement certains modes de paiement à d'autres. Par exemple, le service PayPal agit comme une passerelle financière sécurisée que de nombreux clients choisissent d'utiliser car ils pensent qu'il offre un autre niveau de protection. Une étude a même révélé que même si les clients font généralement davantage confiance à leurs grandes banques et sont réticents à déposer de l'argent avec PayPal, 69 % des personnes interrogées estiment que PayPal protège mieux leurs informations financières. Si vous pouvez proposer des options de paiement auxquelles les utilisateurs font davantage confiance, ils vous feront davantage confiance.

Commander les écrans BioLite Energyplusieurs options de paiement par portefeuille numérique, telles qu'ApplePay, PayPal et Amazon Pay, dès le début du paiement, ce qui peut potentiellement réduire les taux d'abandon de panier. Veuillez lire tous les commentaires des clients sur les options de paiement. Par exemple, si vous recevez des dizaines d'e-mails vous demandant si vous acceptez PayPal, cela peut être un signe pour ajouter cette option de paiement. Bien entendu, en fonction de votre entreprise, vos clients s'attendront à différentes options de paiement, alors faites simplement attention aux formulaires de demande d'option de paiement.

4. Mettez en avant une excellente politique de retour

Si vous hésitez à faire un achat, qu'est-ce qui vous fera immédiatement vous sentir mieux ? Excellente politique de retour. Une bonne politique de retour peut instantanément renforcer la confiance des clients, car elle leur donne l'impression qu'ils n'ont vraiment rien à perdre.

Une bonne politique de retour est considérée comme le signe d'un service client de haute qualité. Ils montrent que vous accordez la priorité au service client et que vous croyez tellement en votre produit que les clients peuvent le retourner et obtenir un remboursement s'ils ne l'aiment pas.

Une politique de retour immédiat contribue à réduire les risques potentiels auxquels les clients sont confrontés lors de leurs achats en ligne. Si vous proposez des retours gratuits sous 30 jours, sans poser de questions, les gens seront plus susceptibles d'acheter chez vous. Si vous ne pouvez pas vous permettre d'offrir des retours gratuits à tous vos clients, envisagez de l'offrir uniquement aux membres du programme de fidélité. Cependant, il ne suffit pas d'avoir une bonne politique de retour, il vaut la peine d'en faire la publicité sur votre site Web :

Créez une page avec votre politique de retour détaillée (cette page peut également faire partie de votre page FAQ).

Créez une section de retours sur vos pages produits. Lien vers votre politique de retour dans le pied de page de votre site Web.

5. Prêt à répondre aux demandes des clients

Les clients qui ne sont pas sûrs de votre marque peuvent vous contacter de différentes manières, notamment par les formulaires de contact de sites Web, les e-mails et les profils de réseaux sociaux. Ils voudront peut-être connaître votre politique de retour, la date de livraison ou d'autres informations sur le produit. Il est important de répondre à ces demandes le plus rapidement et le plus complètement possible.

À qui feriez-vous davantage confiance : une marque qui répond entièrement à votre question en deux minutes ou une marque qui prend une journée pour répondre à votre question en seulement quatre mots ? La rapidité est particulièrement importante aujourd'hui, alors que répondre immédiatement aux besoins des consommateurs les a rendus encore plus importants. Pour cette raison, intégrez si possible le chat en direct à votre site Web (par exemple, un canal Shopify Messenger). Savoir qu'ils peuvent recevoir une réponse presque immédiatement peut encourager les clients potentiels à soumettre des questions et vous pouvez les contacter pour résoudre des problèmes ou des préoccupations en temps réel ou même réaliser une vente. ou revendre d'autres produits.

Le chat en direct devient la base d'un service client de haute qualité. Il s'agit également de la méthode de communication préférée de nombreux clients : 92 % ont déclaré avoir ressenti le plus de satisfaction dans leur parcours d'achat lorsqu'ils utilisaient cette fonctionnalité, et 53 % des consommateurs préfèrent le chat en direct aux autres méthodes.

6. Fournir des informations détaillées sur le produit

Plus un client sait ce qu'il a l'intention d'acheter, plus il est susceptible de l'acheter réellement.

Être précis aide : au lieu d'utiliser le mot « cuir », il vaudrait bien mieux dire « Vachetta Leather ».

Voici quelques éléments à ajouter à vos descriptions de produits :

☐ La taille du produit est précise.

☐ Poids précis du produit

☐ Ingrédients du produit/matériaux de production

☐ Informations de garantie

Les caractéristiques de chaque produit (« Sangle réglable ») et les avantages qu'il apporte (« Vous pouvez donc être sûr que ce portefeuille vous conviendra »).

Il est également utile d'avoir autant de photos et de vidéos que possible montrant la qualité du produit et comment l'utiliser. Cela aide les gens à visualiser cela dans leur vie, et plus ils le voient clairement, plus ils sont susceptibles de croire que vous pouvez réaliser ce que vous dites pouvoir.

7 Pensez à distribuer des échantillons

Trouver les premiers clients qui vous donneront une chance et vous aideront à réussir peut être un défi. Un moyen infaillible de mettre vos produits entre les mains des clients est de les offrir.

Les échantillons de produits ou les cadeaux peuvent susciter l'intérêt pour votre entreprise et renforcer la confiance, éliminant ainsi tout risque. Donner aux clients la possibilité « d'essayer avant d'acheter » ne convient pas à toutes les entreprises. Cependant, si vous vendez un produit que vous pouvez acheter en plus petites quantités (par exemple de la nourriture), vous pouvez d'abord renforcer la confiance des consommateurs dans ce produit, puis facilement les convertir en clients payants. Il existe de nombreuses façons différentes de distribuer votre produit gratuitement et d'obtenir de vrais résultats. Ceux-ci inclus:

Transmettez-le à certaines personnes et demandez-leur leur avis. Vous pouvez collecter des avis ou des témoignages et les publier sur votre site Web lorsqu'il y en a suffisamment pour instaurer la confiance.

Envoyez vos produits à des influenceurs ou des blogueurs qui peuvent atteindre votre public cible. Distribuez des échantillons gratuits via des pop-ups ou des événements pour susciter l'intérêt, sachant que les personnes qui aiment vos produits vous trouveront plus tard en ligne.

N'oubliez pas que les échantillons de produits et les cadeaux sont un excellent moyen de commencer à instaurer la confiance, mais pour que ces efforts soient efficaces et maximisent les profits, vous devez remettre vos produits entre les mains des bonnes personnes. Bien que la fidélisation des clients soit un long processus, les exemples d'avis positifs sont un excellent moyen de vous mettre en valeur, vous et votre entreprise.

8. Veuillez utiliser la page FAQ pour dépanner votre achat.

Une page FAQ solide peut aller très loin. Il peut répondre aux questions des utilisateurs sur votre marque et vos produits, démontrer votre expertise, fournir des informations sur les produits et montrer aux clients comment vous gérez votre entreprise.

C'est une autre façon pour les utilisateurs de mieux comprendre votre marque et de rendre les achats chez vous plus pratiques. Les pages FAQ sont souvent créées pour informer les utilisateurs, surmonter les objections et dissiper tout doute concernant les achats. Cela vous donne également plus d'opportunités de raconter l'histoire de votre marque, de rappeler aux utilisateurs ce qui vous différencie et de leur montrer pourquoi ils devraient devenir votre client. Prenons cet exemple de la lithographie. Chaque question est posée avec la voix du client, et chaque réponse comprend une explication détaillée et renvoie les visiteurs vers d'autres sections du site (comme la politique de retour) pour en savoir plus. . Votre page FAQ peut inclure :

Les informations sur votre marque ne sont pas appropriées sur votre page À propos ou votre page d'accueil.

Informations générales sur les produits que vous savez importantes pour vos clients (« Oui, nos produits sont biologiques, sans paraben, sans gluten et sans soja »).

Informations sur les certifications ou licences auxquelles vous pouvez faire confiance, par exemple la certification casher.

Des réponses aux questions que les clients ne cessent de vous poser, à vous ou à vos concurrents.

9. Réparez les petites choses qui brisent la confiance

Enfin, assurez-vous d'examiner honnêtement et minutieusement votre boutique sur ordinateur et mobile, de la page d'accueil au paiement.

Demandez à vos collègues et amis s'ils font suffisamment confiance à ce site Web pour effectuer un achat. Si oui, pourquoi? Si non, quelle est la cause de ce sentiment d'anxiété ? Votre page d'accueil n'indique pas clairement ce que fait votre entreprise ? Votre délai de livraison n'est pas assez transparent ? Avez-vous un nom de domaine court et facile à retenir ? Sinon, envisagez d'enregistrer un nouveau nom de domaine. Vous savez peut-être que vous êtes honnête et digne de confiance, mais cela ne veut pas dire que vos clients pensent la même chose.

Recherchez sur le site des erreurs mineures. Si votre copie comporte des erreurs d'orthographe ou de grammaire évidentes, vous risquez de perdre en crédibilité et de réduire vos taux de conversion. Même si vous n'êtes pas écrivain, vous pouvez toujours revoir votre écriture et votre contenu avec Grammarly pour détecter toute erreur involontaire. Les liens brisés semblent également bâclés et les graphiques de mauvaise qualité semblent peu professionnels et bon marché. Ces problèmes peuvent sembler mineurs, mais ils peuvent affecter la confiance des clients en quelques secondes, alors n'ignorez pas ces détails. La confiance des clients est plus importante que les ventes

La confiance est une condition préalable à l'achat, surtout lorsque les acheteurs d'aujourd'hui disposent d'innombrables options en un seul clic de souris.

Les témoignages et avis clients sur votre site Web ajouteront de la crédibilité à votre marque, mais seulement si vous les présentez et les utilisez à votre avantage. Ne cachez pas vos succès et ne présumez pas que les clients les trouveront s'ils sont enterrés sur un autre site Web.

Chaque propriétaire d'entreprise doit repartir de zéro, sans revenus ni preuves sociales sur lesquels s'appuyer. Mais j'espère qu'en mettant en œuvre ces stratégies, vous serez en meilleure position pour remporter vos premières ventes et bâtir une réputation qui continue d'inspirer la confiance de votre clientèle chaque jour.

5

Maximiser les ventes grâce à la vente incitative et à la vente croisée

COMPRENDRE LE POUVOIR DES TECHNIQUES DE BOURSAGE ET DE VENTE CROISÉE

Le potentiel de gains d'un client ne s'arrête pas à la vente. Il existe de nombreuses opportunités de développer votre entreprise après un achat, et des techniques telles que la vente croisée et la vente incitative peuvent vous aider à en tirer parti. La vente croisée consiste à encourager les gens à acheter quelque chose en conjonction avec leur produit principal. Par exemple, si un client a acheté un abonnement à vos outils marketing, la vente croisée l'incitera à souscrire un abonnement à votre CRM. Si votre entreprise propose un produit ou un service distinct qui peut compléter ou améliorer l'achat initial d'un client, la vente croisée peut être une excellente opportunité de générer des revenus supplémentaires.

La vente incitative – l'art de fournir des fonctionnalités améliorées pour les achats – peut contribuer à augmenter la valeur moyenne des commandes (AOV) avec peu d'efforts marketing. Ces clients sont déjà intéressés par votre marque et vos produits. Votre travail consiste à leur montrer les bonnes mises à jour au bon moment et au bon endroit. Si elle est bien faite, la vente incitative peut renforcer vos relations et également augmenter vos revenus. Mais si vous vous trompez, vous pourriez être perçu comme un vendeur de voitures agressif. Dans ce chapitre, vous apprendrez pourquoi la vente incitative est importante, ce que vous devez proposer et comment le faire.

Qu'est-ce que la vente incitative ?

La vente incitative est la pratique consistant à persuader les clients d'acheter des versions plus chères, améliorées ou supérieures de produits ou d'autres produits déjà achetés afin d'augmenter les ventes. La vente incitative consiste à vendre à des clients qui ont déjà effectué un achat, et non à de nouveaux clients. Il est également plus facile de parler aux clients existants, car le risque de vendre à un client existant est de 60 à 70 %, contre 5 à 20 % de chances de vendre à un nouveau client. De plus, vendre devient plus facile avec le temps. Les primo-accédants ont 27 % de chances de revenir, mais ce chiffre passe à 54 % après le deuxième ou le troisième achat. Les premiers acheteurs ont 27 % de chances de revenir, mais après un deuxième ou troisième achat, ce chiffre passe à 54 %.

Grâce à la stratégie de vente, les vendeurs peuvent augmenter la valeur moyenne des commandes (AOV). C'est peut-être le plus grand avantage de la mise en œuvre d'une vente incitative. L'ajout de ventes incitatives à des points stratégiques du parcours client peut contribuer à augmenter les commandes. Sans oublier que la vente incitative contribue également à augmenter votre taux de conversion. Étant donné que les incitations après-vente ciblent les clients à un moment opportun de leur parcours, l'intention de l'acheteur est élevée, ce qui augmente la probabilité d'achat. Cependant, les avantages ne sont pas unilatéraux et bon nombre d'entre eux s'étendent à l'expérience client. Grâce à des ventes incitatives et croisées efficaces, vous pouvez être sûr que les clients choisissent le bon produit et qu'ils disposent de tout ce dont ils ont besoin pour l'utiliser. Par exemple, les batteries sont idéales pour la vente croisée de produits non inclus. Non seulement cela augmente le coût total de la commande, mais cela empêche également les acheteurs de recevoir immédiatement des articles qu'ils ne peuvent pas utiliser.

Quelle est la différence entre la vente croisée et la vente incitative ?

La différence entre la vente croisée et la vente incitative est cachée dans leurs noms. La vente croisée augmente les ventes en proposant des produits supplémentaires qui complètent l'achat initial. La vente incitative complète un achat en vendant aux clients potentiels une version mise à jour ou améliorée du produit original. Ces termes sont souvent utilisés de manière interchangeable, mais les approches de chacun sont différentes. Les deux sociétés ont un objectif commun : augmenter la valeur des commandes des clients. Voici un exemple pour illustrer la différence.

Disons qu'un homme souhaite acheter un ordinateur portable de 13 pouces de milieu de gamme pour 1 200 $. Après avoir choisi un ordinateur portable, l'acheteur reçoit immédiatement plusieurs options pour mettre à niveau le processeur. Dans ce cas, le vendeur essaie de vendre à l'acheteur un ordinateur plus puissant (et plus cher). Essentiellement, ils essaient d'amener les clients à dépenser plus d'argent pour le même produit ou la même catégorie de produits qu'ils consultent.

Une fois que le client choisit de mettre à niveau le processeur, il est redirigé vers l'écran suivant où il lui est demandé d'ajouter l'imprimante à sa commande. Une imprimante est un accessoire logique pour de nombreux consommateurs d'ordinateurs et, comme elle est liée au produit original qui intéresse l'acheteur, elle est considérée comme une vente croisée.

Objection préliminaire. Ventes supplémentaires après achat

Vous pouvez vendre plus de produits avant et après la vente (et même pendant celle-ci). Traditionnellement, les préventes ont lieu avant l'achat effectif. Les clients peuvent afficher les modules complémentaires de produit pertinents sur la page du produit ou sur la page du panier lorsqu'ils ont sélectionné un article et sont prêts à le payer.

La vente incitative avant achat est idéale pour les cadeaux ou les petits achats lorsque le risque est faible et que vous ne pouvez pas obtenir trop d'informations sur le produit. Cependant, la vente incitative peut et doit avoir lieu après l'achat.

La vente incitative après l'achat donne aux clients la possibilité d'ajouter un autre article à leur commande sans risquer de passer de la commande initiale. Une vente incitative post-achat se produit lorsque la transaction entre le paiement et la page de remerciement est terminée avec succès. Ces pages de remerciement ou de confirmation de commande sont un excellent moyen de montrer à vos clients comment tirer le meilleur parti de leur dernier achat. Les pages de vente incitative après achat sont plus flexibles et idéales pour les remises ou les petits modules complémentaires.

Avantages de la vente incitative après achat

La vente incitative après achat est bénéfique pour de nombreuses raisons :

Il n'y a aucun impact sur l'achat initial. La vente incitative après l'achat donne aux clients la possibilité d'ajouter un autre article à leur commande sans risquer de passer de la commande initiale. L'entonnoir de vente initial par lequel passe le client n'est pas interrompu.

AOB plus élevé. La vente incitative post-transaction maximise l'AOV. Cette méthode est plus efficace que les autres méthodes de vente incitative, car il s'agit d'une forme d'achat impulsif (semblable à l'achat d'une barre chocolatée à l'épicerie) qui est très pratique pour l'acheteur. Augmentez le taux de conversion. La vente incitative post-achat en un clic génère des conversions plus élevées, car les clients n'ont pas besoin de ressaisir leurs informations de paiement. Le problème de la vente incitative après achat

Cependant, la vente incitative après achat n'est pas sans problème :

Moyens. Si vous ne personnalisez pas vos promotions, vous créerez un point de friction qui pourrait décourager les clients de procéder à des achats répétés. Revendre la fatigue. Frapper constamment les clients par-dessus la tête, page après page, ne fera que nuire à leur perception de votre marque et peut même nuire à vos conversions globales.

Comment vendre plus de produits aux clients

Nous parlons constamment de l'importance de choisir la bonne approche pour votre stratégie de vente incitative. Mais qu'est-ce que cela signifie réellement ? Comment vendre des produits d'une manière qui ait du sens pour les clients et les bénéfices ?

1. Choisissez des produits supplémentaires

Suggérer des produits complémentaires à ce que vos clients ont déjà acheté est l'un des moyens les plus populaires d'augmenter les ventes. La pertinence augmente la probabilité qu'un client soit prêt à effectuer un achat, par opposition aux recommandations de produits aléatoires.

Par exemple, le détaillant de meubles de boutique Edloe Finch a une section « Vous aimerez peut-être aussi » sur ses pages de produits qui comprend des articles supplémentaires pour compléter ce que les clients consultent.

C'est une excellente façon d'encourager les acheteurs à meubler une pièce entière en leur montrant des pièces qui vont bien ensemble. Mais cela peut fonctionner pour presque toutes les entreprises : activez simplement le widget de produits similaires et voyez si vos clients sont intéressés.

Vous pouvez également prendre une page du livre de The Sill et afficher des articles supplémentaires lorsque les clients ajoutent quelque chose à leur panier. "Ne l'oubliez pas!" Le titre peut aider les clients à réaliser qu'ils ont besoin de plus d'outils pour leur entreprise.

2. Produits à prix réduit

Partagez des coupons afin que les clients puissent les utiliser lors de leur prochain achat. Montrez-leur ensuite les éléments parmi lesquels ils peuvent choisir. Vous pouvez le faire en créant une fenêtre contextuelle sur votre site Web qui encourage les visiteurs à s'inscrire pour économiser de l'argent, comme l'a fait la société de matelas Purple.

Vous pouvez également créer une séquence d'e-mails après votre premier achat pour vous envoyer des e-mails de réduction sur votre prochaine commande. Assurez-vous d'inclure une date d'expiration sur votre code promotionnel pour créer un sentiment d'urgence.

3. Mise à jour suggérée

Présentez un produit qui intéresse les visiteurs de votre site ainsi que des informations mises à jour. Ou offrez la possibilité de mettre à niveau votre produit lors du paiement. Cela peut aider à augmenter la valeur totale de la commande de chaque client.

Par exemple, Fly By Jing, spécialisée dans les produits du Sichuan, présente à la caisse une sélection de sauces du Sichuan ainsi que de nombreuses autres options. Le fleuriste peut suggérer des façons d'améliorer le vase lors du paiement, chaque option de mise à niveau coûtant légèrement plus que l'option précédente.

4. Créez des options d'abonnement

Proposer une option d'abonnement - même sans frais initiaux - incitera les clients à revenir mois après mois jusqu'à (si) ils annulent leur abonnement. Il s'agit d'une excellente stratégie pour transformer un achat ponctuel en un achat répété. Nous en voyons un exemple avec la marque de soins de la peau Beekman 1802. Les clients peuvent acheter le sérum pour 45 $ ou économiser 5 $ en s'inscrivant pour une commande récurrente.

5. Offrez la livraison gratuite.

Un autre excellent moyen d'augmenter les ventes auprès de vos clients est d'offrir la livraison gratuite si les clients atteignent un certain seuil. Anthropologie offre la livraison gratuite sur toutes les commandes de plus de 50 $.

Décidez de ce qui convient à votre entreprise : 25 $, 50 $, 100 $ ou plus. Cependant, offrir la livraison gratuite peut aider les clients à dépenser un peu plus et à éviter les frais d'expédition.

Conseils à savoir lors de la vente incitative après l'achat

Selon une enquête Infosys, 86 % des consommateurs déclarent que la personnalisation influence ce qu'ils achètent. De même, la vente incitative fonctionne mieux lorsqu'elle est très pertinente et axée sur ce que vos clients achètent. La vente avancée doit améliorer l'expérience client, et non la rendre difficile ou frustrante. Fournir les bonnes incitations incitera vos clients à revenir, augmentant ainsi leur fidélité.

De plus, la personnalisation peut également contribuer à améliorer l'AOV. Près de la moitié (40 %) des consommateurs américains déclarent avoir acheté quelque chose à un prix plus élevé que prévu initialement parce que leur expérience client était personnalisée.

Considérons le sens

Lorsque vous choisissez de vendre des produits incitatifs et croisés pour l'affichage, évitez de proposer des produits qui augmentent votre commande totale de plus de 25 %. Par exemple, si le produit initial qu'un visiteur consulte coûte 100 $, vous devez éviter de montrer au client des ventes croisées ou des ventes incitatives qui coûtent plus de 25 $.

Utilisez une approche basée sur les données pour décider quels produits valent la peine d'être vendus.

Vous avez peut-être une forte intuition, mais il y a de fortes chances que vous disposiez de données qui vous aident à prendre des décisions commerciales plus judicieuses – et c'est important lors du choix des produits à vendre. Utilisez les données analytiques et l'historique des ventes pour analyser le comportement d'achat des clients et choisir des produits personnalisés pour vos clients. Si vous remarquez une tendance dans l'emballage des produits, vous savez qu'il existe une opportunité de vente incitative. Il est également important de prendre l'habitude d'examiner les campagnes de vente incitative. Au lieu de le définir et de l'oublier, optimisez vos ventes incitatives en analysant la façon dont les clients perçoivent et se convertissent à partir des références. Utilisez le marketing par e-mail pour poursuivre la conversation.

Le marketing par e-mail est un outil efficace de fidélisation de la clientèle qui vous permet de fournir un contenu précieux, de promouvoir des produits et des campagnes et, de manière générale, de rester remarqué. Vous pouvez fidéliser vos clients et les inciter à revenir en leur envoyant des newsletters et des remises ciblées.

Il existe de nombreuses façons d'utiliser la vente incitative et la vente croisée pour améliorer l'expérience client tout en augmentant la taille moyenne de vos commandes. Il existe de nombreuses applications Shopify gratuites qui peuvent vous aider à effectuer des ventes croisées et incitatives auprès de vos clients. Ma recommandation:

Zipify Vendez en un clic. Créée pour les clients Plus, cette application augmente la valeur moyenne de votre commande avec des offres supplémentaires en un seul clic. Grand boom. Créez des promotions post-achat ciblées. Incitatifs après-vente CartHook. Ajoutez des promotions en un seul clic à votre boutique Shopify, y compris des promotions et des cadeaux. Promotion après achat. Augmentez vos revenus grâce à la vente incitative post-achat intégrée et bien plus encore. Meilleures offres spéciales. Créez des offres supplémentaires en un seul clic directement lors de votre commande en magasin. Votre principale motivation pour la vente incitative est peut-être d'augmenter vos revenus et la taille moyenne des commandes, mais il est important de prendre en compte l'expérience client lors du développement d'opportunités de vente incitative. Dire aux clients d'acheter des produits apparemment aléatoires peut les mettre mal à l'aise et les rendre confus. Réfléchissez bien à ce qui a du sens à proposer à vos clients et à quel moment du parcours d'achat, et vous vivrez une expérience de vente positive et rentable.

Vente croisée d'un cheeseburger

Disons que vous travaillez dans une chaîne de restauration rapide et qu'un client commande un hamburger. Si vous souhaitez effectuer des ventes croisées, vous proposerez des produits supplémentaires pour créer un repas complet.

Par exemple, vous pouvez leur demander s'ils veulent des frites et un milkshake avec leur burger. Dans ce cas, vous construisez des produits complémentaires autour de votre premier achat.

Exemple de vente croisée

Imaginez que vous travaillez pour une entreprise éducative qui vend des suites logicielles d'automatisation pour aider les administrateurs universitaires. Vous proposez trois produits : un pour la planification des programmes, un pour la planification des cours et un pour les rapports académiques.

Vous avez contacté l'université et elle a accepté d'acheter le logiciel de planification de cours. Si vous souhaitez effectuer des ventes croisées, vous devez leur présenter l'un ou les deux produits et expliquer comment ils fonctionnent ensemble pour simplifier les tâches administratives académiques.

Dans ce cas, vous n'offrirez pas aux clients potentiels une version mise à jour du logiciel, mais plutôt des produits individuels qui se complètent pour atténuer leurs problèmes.

Comment effectuer des ventes croisées et incitatives

Les ventes croisées et incitatives peuvent avoir lieu à n'importe quelle étape du parcours de l'acheteur. L'étude HubSpot montre que cartographier le parcours client pour identifier les opportunités de vente incitative ou croisée les plus efficaces est l'une des stratégies les plus efficaces.

Les autres principales stratégies incluent :

- Bâtir la confiance des clients

- Examiner l'entreprise du client pour identifier les problèmes et les opportunités

- Appliquer la personnalisation ou la segmentation comportementale

Voici les meilleures pratiques en matière de ventes croisées et de ventes incitatives :

1. Connaissez votre public. Vous connaissez probablement déjà votre type d'acheteur, mais il est important de connaître votre public après avoir acheté votre produit. Utilisez les informations démographiques et psychographiques sur vos clients, ainsi que les avis des clients, pour créer des personnalités de clients et comprendre leurs objectifs et leurs points faibles afin d'identifier les produits utiles et les plus adaptés que vous pouvez vendre et revendre. 2. Pensez au parcours client.

Ensuite, tracez le parcours de vos clients pour déterminer comment ils utiliseront votre produit et comment cela les aidera à se développer. Une fois que vos clients auront atteint le point où ils voient des résultats (avec votre produit), ils commenceront à en parler aux autres et à obtenir des recommandations. À ce stade du parcours client, il sera très probablement heureux d'entendre parler de votre offre de vente croisée ou de vente incitative et gagnera plus d'argent grâce à l'offre de vente incitative.

Attendez qu'ils soient prêts avant d'essayer de faire des ventes croisées ou incitatives. Dans la phase post-achat – après l'achat, pendant la mise en œuvre et avant qu'ils n'en voient la valeur – vous aurez du mal à leur vendre des produits ou des fonctionnalités supplémentaires.

3. Réfléchissez aux problèmes et proposez des solutions adaptées au produit.

Avant d'appeler ou d'envoyer un e-mail et d'essayer de vendre à un client existant, prenez le temps d'examiner ses offres de produits et de trouver sa position actuelle dans le parcours client.

De cette façon, vous aurez une idée claire des problèmes courants auxquels les clients sont confrontés et des produits spécifiques que vous pouvez essayer de vendre de manière croisée ou incitative comme solution possible.

4. Pratiquez l'écoute active.

Vous pouvez effectuer des ventes croisées ou incitatives à vos clients à la volée, lors d'un appel téléphonique ou d'un échange d'e-mails, alors perfectionnez vos compétences d'écoute active et de lecture pour identifier les signaux que vos clients reçoivent. Les clients peuvent être prêts à entendre parler de votre produit. Si vos clients cherchent à étendre leurs capacités ou travaillent activement pour atteindre leurs objectifs plus rapidement, c'est peut-être le bon moment pour mentionner comment vos autres produits ou services peuvent les aider à y parvenir.

Comment encourager votre équipe à faire des ventes incitatives et croisées

D'un point de vue commercial, vendre aux clients existants est beaucoup plus facile que d'attirer de nouveaux clients. En règle générale, cela signifie que votre équipe commerciale n'a pas besoin de trouver des prospects, de les qualifier ou d'établir des relations. Votre équipe de service client les connaît probablement aussi. Et votre entreprise a gagné la confiance et la réputation des clients.

La croissance des comptes signifie que les clients sont moins susceptibles de se désinscrire. Plus ils investissent dans des produits et des services, plus il devient difficile de changer de fournisseur ou de développer leurs propres solutions.

Cependant, dans l'agitation de la vie quotidienne, il peut être difficile pour les commerciaux d'entrer en contact avec les clients actuels. Les agents qui existent depuis longtemps peuvent hésiter à apporter des changements à une relation qui fonctionne. Les membres de l'équipe peuvent être réticents à contacter les clients qui attendent de nouvelles fonctionnalités ou des corrections de bogues retardées. Mais les conversations avec les clients existants sont différentes. Ils ont souvent besoin d'une connaissance plus personnalisée des besoins, des objectifs et des préférences de leurs clients. Pour encourager vos commerciaux à effectuer des ventes croisées et incitatives, utilisez ces quatre stratégies.

1. Essayez de vous faire tester tous les six mois.

Tous les six mois, votre équipe commerciale doit contacter ses clients. Cela leur donne la possibilité d'évaluer leurs progrès, de mesurer leur satisfaction et de rechercher des opportunités d'élargir leurs comptes.

Vous devez anticiper ces conversations avant de parvenir à un accord. Par exemple, lors d'une présentation commerciale, un commercial pourrait dire : « En plus des

[X ressources] que nous consacrons au client, je vous rencontrerai deux fois par an. Nous répondrons à toutes vos questions et veillerons à ce que vous tiriez le meilleur parti de votre produit.

À l'approche du délai de six mois, ils devraient planifier un appel de 30 minutes. Ils doivent examiner les dossiers du service client ou les tickets d'assistance en suspens avant d'appeler.

Une fois que le représentant rencontre les nouvelles parties prenantes, il doit aider le client à résoudre tous les problèmes qu'il pourrait rencontrer. Ensuite, en utilisant leur connaissance de la situation et leur historique avec l'entreprise, ils peuvent réaliser des ventes incitatives ou croisées.

Par exemple, ils pourraient dire : « Vous avez augmenté vos commandes de [matériau X] de 20 % au cours des six derniers mois. » Acheter [matériel Y] en même temps sera rentable. En achetant chez nous plutôt que chez un autre fournisseur, vous économiserez [montant Y] par expédition.

2. Éliminez la peur de vous inscrire.

Certains vendeurs n'aiment pas appeler les clients actuels. Ils hésitent à coopérer si le produit ne répond pas aux attentes des clients.

Cependant, votre équipe est une excellente ressource qui peut fournir aux clients des informations précieuses si votre produit ne fonctionne pas comme ils l'attendent. Si vous remarquez qu'un représentant hésite à s'inscrire, demandez-lui ce qu'il pense qu'il va se passer. Vous devrez peut-être mener une enquête, mais à la fin, vous découvrirez généralement qu'ils ont peur que le client annule la commande. Dites-leur que cela est extrêmement improbable et qu'il existe trois résultats typiques :

Les acheteurs sont satisfaits du produit.

Cela donne à vos commerciaux une excellente opportunité de réaliser des ventes incitatives ou croisées. Les acheteurs sont satisfaits du produit. Dans ce cas, votre représentant pourra les aider à résoudre les problèmes auxquels ils sont confrontés. Ils peuvent également évaluer comment une vente incitative ou croisée pourrait résoudre un nouveau problème.

Les clients ne sont pas satisfaits.

Dans ce cas, l'agent peut proposer un plan qui pourra l'aider et éventuellement rétablir la relation.

L'équipe commerciale peut également contacter le responsable du service client (CSM). Les responsables commerciaux peuvent effectuer des ventes croisées et incitatives lorsqu'ils voient une opportunité de continuer à travailler avec un client après l'achat initial du produit.

Lors d'échanges par courrier électronique ou par téléphone, les clients peuvent mentionner leur intérêt à se développer dans un autre secteur ou leur désir d'étendre les capacités des produits qu'ils utilisent, ce qui peut indiquer qu'ils sont ouverts à des informations sur d'autres possibilités.

3. Formez votre équipe et vos clients.

Votre équipe ne peut pas vendre de nouveaux produits ou services si elle ne les comprend pas.

Chaque fois que votre entreprise introduit une nouvelle fonctionnalité, organisez une formation sur les produits. Si votre entreprise met continuellement à jour ses produits, vous pouvez planifier des sessions trimestrielles ou mensuelles.

En plus de l'équipe commerciale, les équipes de support, de marketing et d'exploitation doivent également participer à cette formation. Ces leçons devraient inclure :

- Fonction du produit

- En cas d'utilisation

- Retour sur investissement potentiel

- Comment positionner votre produit

- À quel type de clients ou prospects est-il le plus adapté ?

Vous pouvez également enregistrer ces démos afin que vos commerciaux puissent les partager avec les clients actuels.

4. N'oubliez pas d'ajouter continuellement de la valeur.

Votre équipe doit apporter de la valeur aux clients dans chaque interaction. Par exemple, votre équipe commerciale peut configurer une alerte Google pour la marque d'un client. De cette façon, ils sauront chaque fois que l'entreprise de votre client est mentionnée dans l'actualité. Ils peuvent ensuite se connecter pour mettre à jour les offres, par exemple en fournissant des informations de contact local lorsqu'un client déménage dans un nouveau bureau.

De tels gestes montrent aux clients que votre équipe se soucie d'eux. Ensuite, lorsqu'il sera temps de faire des ventes incitatives ou croisées, ils seront plus disposés à participer.

Vous pouvez encourager ce comportement de trois manières :

Invitez les clients actuels à des réunions à l'échelle de l'équipe. Grâce à cela, les clients peuvent partager leurs expériences. Cela aidera votre équipe à mieux comprendre vos clients. Cela leur montrera également l'impact de la plus-value après la vente.

Fournit une bibliothèque de ressources. Créez des articles de blog, des ebooks, des vidéos, des études de cas et bien plus encore sur une variété de sujets qui intéressent vos clients. Encouragez ensuite votre équipe à partager ce contenu lors de ses communications avec les clients. Suivez les progrès de chaque membre de l'équipe.

Lorsque vous parlez à votre équipe, vérifiez leurs performances en matière de ventes incitatives et croisées. Cela garantira que ces objectifs constituent une priorité absolue pour votre équipe. Vous verrez la différence dans vos résultats.

16 exemples quotidiens de ventes incitatives et croisées

Les représentants commerciaux informent les clients à l'avance des augmentations de prix à venir, puis leur expliquent les options de mise à niveau à des prix similaires. Il s'agit souvent d'une remise utile en fin de mois ou de trimestre. Les équipes commerciales offrent un accès prioritaire aux fonctionnalités nouvelles ou mises à jour. Il s'agit d'une option de vente incitative typique pour les entreprises SaaS.

Vente groupée

Le commercial a informé le client qu'il pouvait ajouter des outils de montage vidéo à son abonnement de retouche photo existant.

L'équipe commerciale propose une suite de produits, services et fonctionnalités à des prix réduits.

Service client

Vendre

L'équipe de réussite client peut utiliser les données client pour recommander des produits supplémentaires utiles aux clients. Par exemple, disons que votre outil d'écriture facture les utilisateurs en fonction du nombre de mots. Vous pouvez informer les clients lorsqu'ils approchent de leur limite et suggérer des options de vente incitative qui peuvent également améliorer l'expérience utilisateur.

L'équipe du service client fournit des descriptions détaillées des produits. Au cours de ces visites de produits, l'équipe de service peut présenter aux clients les fonctionnalités de base et avancées du produit.

Vente groupée

L'équipe du service client résout les problèmes des clients en recommandant des modules complémentaires de produits lors du chat en ligne. Formation client

Vendre

La société ajoute des liens vers des pages de fonctions dans les articles de la base de connaissances. Certaines questions sur les produits SaaS ont des réponses simples mais nécessitent également des mises à jour. Cette option tient les clients informés et leur permet de trouver et de mettre en œuvre plus facilement des solutions.

Vente groupée

La société ajoute des produits supplémentaires qui ajoutent de la valeur à ses produits principaux et à ses sites d'assistance. Par exemple, disons que votre entreprise vend des bureaux. Les images, descriptions, instructions et textes de produits peuvent également inclure des accessoires de table qui ajoutent de la valeur. Après l'achat, le fabricant du logiciel propose des options de service supplémentaires, telles qu'une assistance et une formation étendues ou à long terme.

Magasin en ligne

Vendre

Le détaillant de disques durs en ligne propose trois prix et capacités différents. Le graphique montre la plus populaire des trois options.

Le détaillant de cosmétiques en ligne propose des réductions sur le mascara avec des livraisons mensuelles. Vente groupée

Un acheteur regarde des t-shirts dans une boutique en ligne. Ils peuvent ajouter un pull à leur commande, leur offrant ainsi une réduction sur les deux produits. Le détaillant d'appareils photo en ligne ajoute une fenêtre contextuelle d'achat avec une garantie supplémentaire pour protéger votre nouvel appareil photo.

Le détaillant de matelas en ligne ajoute une galerie de produits phares au bas de la page produit. Cette collection comprend des produits tels que des oreillers, des draps et des housses de couette que les clients peuvent ajouter à leur achat.

Service commercial au magasin

Vendre

L'acheteur opte pour un réveil standard. Le personnel du magasin distribue un réveil qui fournit également des prévisions météorologiques quotidiennes.

L'acheteur recherche un cadre photo. Ils ont dit que le cadre était destiné à servir de souvenir au vendeur. Sur la base de ces informations, les vendeurs proposent aux acheteurs des montures pour occasions spéciales à un prix plus élevé.

Vente groupée

Une cliente a acheté une nouvelle combinaison mais la taille était un peu plus ample que ce qu'elle souhaitait. Lorsqu'ils passent leur commande à la caisse, le commis les informe du service de retouches du magasin, qui accepte les combinaisons moyennant un petit supplément.

Entrée

Vendre

Un propriétaire d'entreprise recherche un logiciel de gestion de projet et trois plans sont répertoriés sur la page de tarification. Chaque package montre les fonctionnalités qu'il inclut. Cela montre aux propriétaires la valeur ajoutée des forfaits les plus chers et ce qu'ils ont à perdre s'ils choisissent le forfait gratuit.

La page de destination fournit un examen du plan de niveau supérieur. Parce que la révision résout un problème important pour l'utilisateur, elle convainc l'utilisateur de mettre à jour vers la nouvelle version.

Vente groupée

Un détaillant de matériel de camping en ligne ajoute une page de destination au parcours client qui présente du matériel de camping souvent négligé. Cette page aide les clients à ajouter des produits facilement oubliés à leur panier avant de procéder au paiement.

service Internet

Vendre

Le professeur de yoga en ligne propose des abonnements pour des cours hebdomadaires et mensuels, ainsi que des réductions sur les abonnements mensuels. La société SaaS offre un accès aux fonctionnalités supérieures du plan pendant une période d'essai gratuite, puis propose des réductions sur les mises à niveau une fois la période d'essai terminée.

Les services de location de sacs en ligne donnent accès à des sacs premium à des prix légèrement augmentés.

Vente groupée

Les tuteurs de langues en ligne proposent des cours supplémentaires SAT et ACT à un tarif réduit.

La location de vacances propose des visites locales et une entrée à prix réduit au parc à thème au moment de la réservation.

Bulletin publicitaire

Vendre

Les spécialistes du marketing professionnel utilisent des créateurs d'applications gratuits. Ils reçoivent ensuite un e-mail de l'application les invitant à acheter d'autres outils qui pourraient leur être utiles après la création de l'application. Les clients effectuent une tâche dans l'outil en ligne et reçoivent un e-mail avec une réduction sur les fonctionnalités avancées.

Vente groupée

Votre e-mail de confirmation d'achat d'élastique à cheveux comprend une galerie de photos des produits coiffants que vous pourrez acheter ensuite. Augmentez vos ventes grâce à la vente incitative et croisée.

Les ventes croisées et incitatives ne sont pas toujours faciles. L'application correcte de ces tactiques nécessite un timing, une conscience et une empathie optimaux.

Si vous pouvez surveiller la santé de vos clients, connaître les fonctionnalités ou les produits dont ils peuvent le plus bénéficier et savoir quand ils seront le plus ouverts à une offre supplémentaire, vous pouvez augmenter les ventes et vendre les meilleurs d'entre eux.

MISE EN ŒUVRE DE STRATÉGIES DE GROUPEMENT DE PRODUITS EFFICACES

Le regroupement de produits est une tactique commerciale efficace qui permet de générer des revenus et d'accroître la présence de la marque.

Êtes-vous à la recherche d'une solution efficace pour augmenter vos revenus et maximiser vos profits ? Si tel est le cas, vous avez de la chance car dans ce chapitre, nous plongerons dans le monde du regroupement et de la vente intégrée !

Quel est l'ensemble de produits ?

Le regroupement de produits est une stratégie de tarification unique pour les produits vendus dans le secteur de la vente au détail. Ou ils comprennent simplement que chaque produit individuel est combiné dans un emballage et n'est pas vendu séparément.

Il s'agit d'une forme susceptible d'augmenter le prix de vente moyen et le volume des ventes du produit. L'emballage convient non seulement à toutes les industries et à tous les domaines, mais apporte également des avantages tant aux vendeurs qu'aux acheteurs. Le taux de réussite de cette stratégie est donc très élevé. Mais pourquoi devriez-vous vous soucier de l'emballage des produits dans votre entreprise de commerce électronique ?

La réponse est simple : le regroupement est une stratégie éprouvée pour augmenter les ventes et les revenus. En proposant des produits supplémentaires en lots, vous pouvez encourager les clients à acheter plus de produits que prévu initialement, ce qui entraînera davantage de commandes et des bénéfices plus importants.

Le regroupement de produits est une stratégie de tarification unique pour les produits vendus dans le secteur de la vente au détail.

Le package a plusieurs fonctionnalités :

Vendu en ensembles de nombreux produits différents. Ces produits sont souvent regroupés en catégories spécifiques. En même temps, ils sont interconnectés et jouent un rôle de soutien. Le regroupement oblige les acheteurs à acheter tous les produits inclus dans ces offres groupées.

Appliquez des prix distincts pour les ventes de forfaits. Habituellement, le prix d'un ensemble de produits sera inférieur au prix total des produits combinés. Il s'agit d'encourager les clients à acheter ce forfait. Si l'acheteur ne sélectionne qu'une partie du produit, la remise ne sera pas appliquée.

Comprendre le package vous aidera à développer une stratégie bien pensée avant de la mettre en œuvre.

Annoncer les principaux types d'emballages de produits

En matière d'emballage de produits, vous pouvez adopter plusieurs approches. Chaque type de lien a ses avantages et ses inconvénients, il est donc important de comprendre les différences afin de choisir la meilleure stratégie pour votre boutique Shopify.

Solidarité pure

Les connexions pures sont le type de connexions le plus simple. Il s'agit de proposer un ensemble de produits qui ne peuvent être achetés ensemble que dans le cadre d'un forfait. En d'autres termes, les clients ne peuvent pas acheter de produits individuels. Le regroupement pur est souvent utilisé lorsque les produits de vente combinés sont complémentaires ou présentent un degré élevé d'interdépendance. Un exemple de package propre est une console de jeu contenant plusieurs jeux populaires. Cela peut être un moyen efficace d'augmenter les ventes de produits complémentaires et d'encourager les clients à essayer de nouveaux produits auxquels ils n'avaient peut-être pas pensé.

Configuration mixte

Les forfaits mixtes sont un peu plus flexibles que les forfaits purs. Dans une offre groupée mixte, les clients peuvent acheter des produits ensemble dans le cadre d'une offre groupée, mais ils peuvent également acheter les produits séparément à leurs propres prix. Cette stratégie est utilisée lorsque les plans de produits Shopify ont des niveaux de popularité différents ou lorsque les clients ont des préférences différentes.

Un bon exemple de cette stratégie est un magasin de cosmétiques qui propose des kits de maquillage à un prix inférieur mais permet également aux clients d'acheter chaque article séparément. Les offres groupées mixtes peuvent être un excellent moyen d'augmenter les ventes de produits populaires et moins populaires, tout en donnant aux clients plus de contrôle sur leurs achats.

Prix

Les offres groupées sont une méthode permettant de réduire les prix lorsque les clients achètent des produits groupés sur Shopify. La remise est généralement calculée sur la base du prix total de chaque produit.

Vous verrez cette stratégie lorsque les produits connectés sont liés mais pas nécessairement complémentaires. Un exemple de regroupement de prix est un concessionnaire automobile offrant une réduction pour l'achat simultané d'une voiture et d'un ensemble de services. La combinaison des prix peut être un excellent moyen d'encourager les clients à acheter plus de produits et d'augmenter vos revenus globaux.

Modèle d'emballage de produit pour la boutique Shopify

La mise en œuvre d'une stratégie d'emballage de produits peut être un moyen efficace d'augmenter les ventes et les revenus de votre boutique Shopify. Pour vous inspirer, voici cinq exemples différents de produits Shopify que vous pouvez utiliser dans votre boutique :

Comprend des packages de produits

Parlons d'abord de l'emballage du produit. Cette stratégie est particulièrement efficace pour les marques de cosmétiques et de soins de la peau, car les acheteurs préfèrent souvent acheter un ensemble complet de produits plutôt que des produits individuels.

Réduire le prix d'un soin de la peau ou d'un coffret de maquillage peut encourager les clients à essayer de nouveaux produits et potentiellement augmenter leurs dépenses globales. C'est là que des outils comme Picreel peuvent vous aider à créer de superbes popups de vente qui correspondent au style et à l'esthétique de votre marque.

De plus, vous pouvez facilement configurer des fenêtres contextuelles pour qu'elles apparaissent sur des pages spécifiques ou à des moments spécifiques au cours de la session d'un visiteur, afin que vous puissiez être sûr qu'il voit votre offre au bon moment. Le regroupement de produits peut contribuer à améliorer la gestion des stocks en vendant simultanément plus d'unités d'un produit spécifique.

Ensemble de produits associés

Ensuite, nous avons des packages de produits associés. Cette stratégie consiste à combiner des éléments qui se complètent ou sont utilisés ensemble.

Par exemple, si vous vendez des chemises pour hommes, vous souhaiterez peut-être associer la chemise à une cravate ou des boutons de manchette assortis. Les clients qui achètent un article sont plus susceptibles d'acheter un ensemble si cela signifie qu'ils peuvent acheter la tenue entière en une seule transaction. Cette approche peut également contribuer à augmenter la valeur perçue de chaque article du lot, encourageant ainsi les clients à dépenser davantage.

Forfait combiné

Les forfaits Mix-and-Match sont une autre excellente option pour les magasins Shopify. Cette stratégie permet aux clients de choisir n'importe quelle combinaison de produits à un prix réduit. Une offre « 3, obtenez 30 $ de réduction » ou une promotion similaire peut encourager les clients à acheter plus de produits à la fois. De plus, en donnant aux clients la possibilité de mélanger et d'assortir, vous pouvez les encourager à essayer de nouveaux produits auxquels ils n'avaient peut-être pas pensé.

Forfaits de vente croisée

Le regroupement peut être un moyen efficace d'augmenter les ventes de produits complémentaires. En offrant une remise sur un article éligible lors du paiement, vous pouvez encourager les clients à ajouter plus de produits à leur panier. À titre d'exemple de vente croisée, si un client achète un appareil photo, vous pouvez réduire le prix de l'étui de l'appareil photo ou de la carte mémoire. Cette approche peut vous aider à vendre plus d'articles à la fois et à augmenter la valeur totale de chaque vente.

Achetez un pack, obtenez-en un gratuitement

Enfin, nous avons des offres Achetez-en un, obtenez-en un gratuitement ou BOGO. Cette stratégie peut être un excellent moyen d'encourager les clients à acheter davantage de produits à la fois. En offrant un produit gratuit ou une remise à l'achat d'un autre article, vous pouvez encourager les clients à ajouter plus de produits à leur panier.

Autre exemple de regroupement de produits : un magasin de chaussures peut proposer une offre BOGO dans laquelle les clients peuvent acheter une paire de chaussures et recevoir l'autre paire à un prix réduit. Cette stratégie peut vous aider à déplacer rapidement vos stocks et à encourager les clients à essayer de nouveaux produits.

Créez une stratégie d'emballage de produits pour votre boutique Shopify

Examinons cinq étapes pour créer une stratégie d'emballage de produits pour votre boutique Shopify :

Étape 1 : Décidez quels produits combiner

La première étape dans la création d'une stratégie d'emballage de produits consiste à décider quels produits emballer. Vous souhaitez choisir des produits complémentaires ou connexes et que les clients sont les plus susceptibles de vouloir acheter ensemble. Parcourez votre inventaire et identifiez les produits qui se vendent bien ensemble, ou envisagez de mener une enquête auprès des clients pour découvrir quels produits les clients aiment voir dans une offre groupée.

Ceci peut être fait de deux façons:

Lorsque vous avez besoin d'acheter plus, d'économiser davantage sur les forfaits, vous pouvez les appliquer à l'ensemble de votre boutique en ligne ou uniquement aux gammes de produits spécifiques que vous proposez. Cette approche est particulièrement utile pour augmenter les ventes de produits qui se vendent mal. En règle générale, vous choisissez les produits pour ce plan en fonction de la catégorie d'actifs qui se vendent le moins. Les remises en gros sont conçues pour vendre davantage du même produit. Vous pouvez choisir les produits que vous souhaitez promouvoir et choisir les produits les plus populaires pour augmenter la valeur moyenne de vos commandes.

Étape 2. Calculez le prix du forfait

Une fois que vous avez déterminé quels produits seront emballés, vous devez calculer le prix de chaque emballage. Vous souhaitez offrir des réductions aux clients, mais vous devez également vous assurer que vous gagnez toujours de l'argent sur chaque vente. Tenez compte des coûts associés à chaque produit et du potentiel de profit, puis fixez un prix forfaitaire attrayant pour les clients mais toujours avantageux pour votre entreprise.

Avant de fixer le prix d'un ensemble de produits, vous devez déterminer la marge brute de chaque produit inclus dans l'ensemble. La marge brute d'un produit peut être calculée en soustrayant le coût des marchandises vendues (COGS) du prix de vente total. Après avoir fixé votre prix de base, vous pouvez choisir le niveau de remise qui convient à votre marque. Si la marge bénéficiaire de votre marque est de 50 % ou plus, une remise de 10 à 20 % sur le sous-total est recommandée. Pour les entreprises dont la marge bénéficiaire moyenne est de 50 % ou moins, un taux d'actualisation de 5 % à 10 % est généralement suffisant.

Étape 3 : Choisissez la méthode de connexion

En matière d'emballage de produits, vous pouvez adopter différentes approches. Les packages prédéfinis sont préconfigurés et prêts à être utilisés par les clients, tandis que les packages prédéfinis permettent aux clients de choisir les produits qu'ils souhaitent combiner en un seul package. La décision de choisir la méthode de connexion doit être basée sur le type de produit proposé et les préférences du client.

Par exemple, les ensembles prêts à l'emploi conviennent aux produits complémentaires souvent achetés ensemble, tels que les appareils photo et les cartes mémoire. Les offres groupées DIY, en revanche, sont parfaites pour les clients qui souhaitent plus de contrôle sur les produits qu'ils achètent.

En comprenant les préférences des clients et en combinant les produits d'une manière adaptée à votre entreprise, vous pouvez augmenter vos ventes et améliorer la satisfaction de vos clients.

Étape 4 : Créez un titre et une description convaincants pour votre package de produits

La création de lots de produits est un excellent moyen d'augmenter les ventes et la satisfaction des clients. Mais il ne suffit pas de combiner quelques produits et de les appeler une offre groupée. Vous devez réfléchir à la manière dont vous présentez cela à vos clients.

Un exemple de nom de kit attrayant est le kit de relaxation parfaite, qui comprend des bombes de bain, des bougies et des couvertures douillettes. Un autre exemple est la « Perfect Morning Routine » qui comprend un ensemble comprenant une cafetière, une tasse et un livre de recettes de petit-déjeuner.

En donnant à vos emballages des noms créatifs et accrocheurs, vous rendrez les achats plus mémorables et plus agréables pour vos clients. De plus, il est extrêmement important de fournir une description claire et détaillée du contenu de chaque plan et de souligner les avantages de son achat.

Cela aide les clients à comprendre la valeur de l'emballage et à prendre des décisions d'achat éclairées.

Étape 5 : Utilisez l'application Shopify pour faciliter le processus de connexion

Shopify propose de nombreuses applications qui simplifient le processus d'aménagement de votre boutique.

Par exemple, vous pouvez utiliser une variété d'outils offrant des fonctionnalités telles que la création de pages de forfait personnalisées ou l'application automatique de remises sur le forfait lors du paiement. Avec ces outils, vous pouvez offrir à vos clients une expérience d'achat amusante et sans tracas tout en augmentant la valeur moyenne de votre commande.

D'un autre côté, il existe de nombreux créateurs de pop-up qui peuvent facilement s'intégrer à Shopify pour promouvoir des ensembles de produits spécifiques avec des pop-ups ciblés sur votre site Web. Cela signifie que lorsque les clients visitent votre site Web, votre outil peut analyser leur comportement et leur montrer une pop-up ciblée proposant une sélection de produits qui les intéressent.

Avantages de l'emballage des produits dans votre boutique Shopify

Examinons de plus près certains des avantages de l'emballage des produits pour votre boutique Shopify :

Augmenter la valeur moyenne des commandes

Le regroupement de produits peut augmenter la valeur moyenne des commandes de votre boutique Shopify en encourageant les clients à acheter plus de produits en une seule transaction. Les offres groupées offrent souvent des prix réduits par rapport à l'achat d'articles individuels, ce qui en fait une option attrayante pour les clients cherchant à économiser de l'argent.

En proposant des forfaits que les clients adorent, les magasins Shopify peuvent encourager les clients à acheter plus de produits, augmentant ainsi les ventes et les revenus.

Réduire les déchets en entrepôt

Les produits d'emballage peuvent également contribuer à réduire le gaspillage des stocks en combinant des produits à rotation lente ou impopulaires avec des articles populaires. En regroupant ces produits, votre boutique Shopify peut se débarrasser des stocks susceptibles d'être invendus. Cela réduit la quantité de stocks invendus qui doivent être jetés ou vendus à perte, augmentant ainsi les bénéfices globaux de l'entreprise.

Augmenter la fidélité et la rétention des clients

Le regroupement de vos produits peut contribuer à accroître la fidélité et la rétention des clients en créant pour eux une expérience d'achat plus positive. En proposant des forfaits adaptés aux préférences et aux besoins des clients, les magasins Shopify peuvent augmenter la probabilité que les clients reviennent dans leur magasin à l'avenir.

De plus, les acheteurs qui estiment avoir reçu un bon prix sur leur achat sont plus susceptibles de recommander le magasin à leurs amis et à leur famille.

Opportunités de vente incitative et croisée

L'emballage des produits peut également créer des opportunités de vente incitative et croisée. En intégrant des produits complémentaires, votre boutique Shopify peut encourager les clients à acheter des produits supplémentaires auxquels ils n'auraient peut-être pas pensé. Cela peut être particulièrement efficace lorsque les produits complémentaires sont des éléments dont les clients ne connaissent peut-être pas, tels que des accessoires ou des modules complémentaires.

Augmentez les ventes sur Shopify : créez une stratégie d'emballage de produits efficace

Le regroupement de produits est une stratégie puissante que les propriétaires de magasins Shopify peuvent utiliser pour augmenter les ventes, réduire le gaspillage des stocks et accroître la fidélité et la rétention des clients. En suivant un processus en cinq étapes pour déterminer les produits à emballer et en utilisant l'application Shopify pour simplifier le processus d'emballage, les propriétaires de magasins Shopify peuvent créer une stratégie d'emballage de produits efficace qui attire les clients et augmente les ventes.

Pour les propriétaires de magasins Shopify, l'emballage des produits peut être un moyen efficace d'augmenter la valeur moyenne des commandes, d'accroître la fidélité et la rétention des clients et de réduire le gaspillage des stocks. En regroupant des produits complémentaires, vous pouvez encourager les clients à acheter des produits complémentaires qu'ils ne choisiraient pas autrement.

Si vous souhaitez faire passer les ventes de votre boutique Shopify au niveau supérieur, envisagez d'utiliser Picreel car il s'agit de l'un des meilleurs outils de conversion de page de destination disponibles. De plus, avec un essai gratuit de 15 jours, vous pouvez essayer Picreel sans risque et voir comment il peut vous aider à améliorer les taux de conversion de votre boutique Shopify.

UTILISER DES RECOMMANDATIONS PERSONNALISÉES POUR AUGMENTER LA VALEUR MOYENNE DES COMMANDES

Vous exploitez une boutique Shopify et souhaitez augmenter vos revenus sans attirer plus de clients ? Une stratégie efficace pour atteindre cet objectif consiste à augmenter la valeur moyenne des commandes (AOV) des clients existants. AOV représente le montant moyen qu'un client dépense dans une transaction. En encourageant les clients à dépenser plus d'argent chaque fois qu'ils achètent chez vous, vous pouvez avoir un impact significatif sur vos résultats. J'ai présenté 10 moyens efficaces pour augmenter la valeur moyenne des commandes sur votre boutique Shopify. Avant cela, voyons quelle est la valeur moyenne des commandes avec un exemple. Que signifie la valeur moyenne des commandes ?

La valeur moyenne des commandes (AOV) est une mesure clé dans le commerce électronique et la vente au détail, représentant la valeur monétaire moyenne des commandes passées par les clients sur votre site Web ou votre magasin sur une période de temps. certaine heure. Il est calculé en divisant le revenu total généré par les commandes par le nombre de commandes reçues au cours de la même période.

Formule pour calculer l'AOV :

AOV = Revenu total/Nombre de commandes.

Par exemple, si une boutique en ligne génère 10 000 $ de revenus totaux à partir de 500 commandes par mois, l'AOV pour ce mois serait :

Coût moyen = 10 000 $ / 500 = 20 $

Dans ce cas, la valeur moyenne des commandes est de 20 $, ce qui signifie que la valeur moyenne des commandes par client est de 20 $.

10 façons très efficaces d'augmenter la valeur moyenne des commandes sur votre boutique Shopify

Assurer l'emballage du produit

Le regroupement de produits est une stratégie éprouvée qui encourage les clients à dépenser davantage. Créez des offres groupées de produits en regroupant les produits associés et en les proposant à un prix réduit lorsqu'ils sont achetés en offre groupée. Par exemple, si vous vendez des cosmétiques, achetez un ensemble de soins de la peau comprenant un nettoyant, une crème hydratante et un sérum à un prix inférieur à celui si les clients achetaient chaque produit individuellement.

Cela encourage non seulement les clients à acheter davantage, mais augmente également la valeur perçue de leur achat. Le regroupement de produits aide les clients à acheter tout ce dont ils ont besoin en même temps, et le personnel du magasin bénéficie de la vente de plusieurs produits au lieu d'un seul.

Produits pour la vente croisée et la vente incitative

Profitez des opportunités de ventes croisées et de ventes incitatives pour augmenter la valeur moyenne des commandes de votre boutique Shopify. Utilisez l'application ou les intégrations Shopify pour suggérer des produits supplémentaires ou des versions premium des produits que vos clients parcourent actuellement.

La vente croisée consiste à proposer des produits complémentaires qui correspondent au produit principal du client. Par exemple, si un acheteur recherche un ordinateur portable, proposez un package avec un processeur plus rapide ou des accessoires supplémentaires. La vente incitative implique une version plus chère ou améliorée du produit choisi par l'acheteur. Encourager les clients à acheter des produits plus chers grâce à la vente incitative contribue à augmenter la valeur moyenne des commandes.

Rabais de quantité

La mise en œuvre de remises sur quantité dans votre boutique en ligne est une stratégie efficace pour encourager les clients à effectuer des achats plus importants en leur offrant des remises pour l'achat de plusieurs produits. Par exemple, proposez des remises telles que « Achetez-en 2, obtenez 10 % de réduction » ou « Achetez-en 3, obtenez 15 % de réduction ». Les acheteurs sont plus susceptibles d'ajouter des produits à leur panier pour économiser de l'argent, augmentant ainsi la valeur globale de leur commande.

Assurez-vous que les clients peuvent facilement voir les remises sur quantité que vous proposez. Affichez-les bien en évidence sur les pages de produits, les pages de panier et pendant le processus de paiement. Utilisez un langage clair et concis pour expliquer les économies qu'ils réaliseront s'ils achètent davantage. Ajoutez un sentiment d'urgence ou de rareté à vos remises sur volume.

Programmes de fidélité

Les programmes de fidélité peuvent être un outil puissant pour augmenter la valeur moyenne des commandes (AOV) dans votre boutique en ligne. Ces programmes encouragent les clients à dépenser davantage en offrant des récompenses, des réductions ou des avantages exclusifs. Récompensez vos clients fidèles avec des remises spéciales, un accès anticipé aux produits ou des offres exclusives. Les programmes de fidélité renforcent non seulement les relations avec votre clientèle, mais encouragent également les achats répétés et les commandes plus importantes.

En mettant en œuvre un programme de fidélité bien conçu et en le promouvant activement auprès de votre clientèle, vous pouvez encourager les achats répétés et les encourager à dépenser davantage, ce qui, à terme, augmentera l'AOV de votre magasin.

Seuil de livraison gratuite

Cette approche encourage les clients à ajouter plus de produits à leur panier pour répondre aux exigences minimales de livraison gratuite. Fixez un montant minimum de commande pour bénéficier de la livraison gratuite. Pour atteindre ce seuil, les clients sont plus susceptibles d'ajouter des produits à leur panier que de payer les frais d'expédition. Cela augmente non seulement l'AOV, mais encourage également des achats plus importants pour économiser sur les frais d'expédition.

La valeur minimale de commande doit équilibrer votre capacité à atteindre les clients et la stabilité financière de votre entreprise. En mettant en œuvre stratégiquement votre seuil de livraison gratuite et en le promouvant efficacement, vous pouvez motiver les clients à dépenser plus pour une transaction afin de bénéficier de la livraison gratuite.

Offre d'une durée limitée

Utiliser des offres à durée limitée est une stratégie très efficace pour augmenter la valeur moyenne des commandes (AOV) sur votre boutique Shopify. Créez un sentiment d'urgence avec des promotions à durée limitée. Par exemple, vous pourriez proposer « Achetez-en un, bénéficiez de 50 % de réduction pendant les prochaines 24 heures ». La rareté et l'urgence encouragent les clients à agir rapidement et à ajouter plus d'articles à leur panier.

Recommandations de produits

Mettez en œuvre des moteurs de recommandation de produits qui affichent des produits similaires ou récemment consultés sur la page de paiement. Cela sert à rappeler en douceur les produits que les clients ont pu manquer, ce qui peut conduire à des achats supplémentaires. Shopify propose des fonctionnalités de recommandation intégrées pour mettre en œuvre une stratégie de recommandation de produits. Vous pouvez également inclure des recommandations de produits personnalisées dans vos campagnes par e-mail. Envoyez aux abonnés des offres de produits personnalisées en fonction de leurs interactions précédentes avec votre boutique.

Utiliser des pop-ups avec une intention de sortie

Les fenêtres contextuelles d'intention de sortie peuvent offrir aux clients une remise ou une autre incitation pour les encourager à effectuer un achat. Cela peut aider à augmenter leur AOV.

Remises personnelles

La personnalisation améliore l'expérience client, augmente la fidélité et stimule la croissance des revenus. En offrant des remises personnalisées qui répondent aux besoins et préférences spécifiques de vos clients, vous pouvez encourager davantage d'achats et, à terme, augmenter l'AOV de votre boutique Shopify. Les remises personnelles sont sélectionnées individuellement pour chaque client, en tenant compte de son comportement, de ses préférences et de son historique d'achats. Utilisez les données clients pour proposer des remises personnalisées en fonction de leur historique de navigation et d'achat. Lorsque les clients auront l'impression que vous comprenez leurs préférences, ils seront prêts à dépenser plus dans votre magasin.

Les applications Shopify comme Nosto et LimeSpot peuvent aider à résoudre ce problème.

Ventes multi-catégories

Encouragez les clients à explorer différentes catégories de produits en proposant des produits d'autres zones de votre magasin pour compléter leurs sélections actuelles. Par exemple, si quelqu'un achète une cafetière, présentez-lui des grains de café ou des tasses à café.

Vendre après avoir acheté

Ne vous arrêtez pas à vendre ; Après l'achat, pensez à la vente incitative. Lorsque les clients effectuent un achat, proposez-leur une vente incitative unique. Il peut s'agir d'un produit supplémentaire à prix réduit ou d'une invitation à rejoindre un programme d'adhésion exclusif.

Résumé

En mettant en œuvre ces 10 stratégies, vous pouvez augmenter l'AOV de votre boutique Shopify et augmenter efficacement vos revenus. N'oubliez pas que chaque entreprise est unique. Il est donc important de surveiller l'impact de ces tactiques sur les performances de votre magasin et de vous adapter en conséquence. L'objectif est de créer une situation gagnant-gagnant dans laquelle vos clients reçoivent une valeur ajoutée et votre entreprise prospère financièrement sans avoir à acquérir constamment de nouveaux clients.

6

Fidéliser les clients et encourager les ventes répétées

DÉVELOPPER UNE STRATÉGIE DE FIDÉLISATION CLIENT

Vous avez entendu cela maintes et maintes fois. Il est moins coûteux de convaincre les clients existants d'acheter à nouveau que d'attirer de nouveaux clients. Cela est vrai pour de nombreuses entreprises, en particulier dans l'espace encombré du commerce électronique où les coûts de clic et de conversion continuent d'augmenter. C'est la science de la fidélisation de la clientèle. À quand remonte la dernière fois que vous avez cherché une opportunité de réengager vos clients pour les inciter à revenir ? Si vous n'avez pas assuré le suivi de vos clients actuels après la vente, le moment est venu d'élaborer une stratégie globale de fidélisation de la clientèle. Voyons comment commencer.

Qu'est-ce que la fidélisation de la clientèle ? La fidélisation de la clientèle consiste à augmenter le nombre de clients réguliers d'une entreprise et à en tirer une valeur supplémentaire. L'objectif de la fidélisation de la clientèle est de garantir que les clients effectueront des achats répétés, seront satisfaits des services de l'entreprise et ne se tourneront pas vers un concurrent.

Pourquoi la fidélisation des clients est-elle importante ?

Vous voulez que les clients pour lesquels vous avez travaillé si dur restent avec vous, fournissent un excellent service et continuent à utiliser vos produits. Se concentrer sur la fidélisation de la clientèle présente de nombreux avantages :

Valeur moyenne des commandes plus élevée

Un taux de fidélisation de la clientèle élevé signifie que les clients font confiance à votre produit et à votre entreprise. Cela signifie qu'à chaque visite, ils sont plus susceptibles d'acheter davantage auprès de votre entreprise. Bain & Company a mené une étude qui a montré que plus un client entretient longtemps une relation avec une boutique en ligne, plus il dépense sur une période donnée. Par exemple, dans l'industrie de l'habillement, le client régulier moyen dépense 67 % de plus au cours des mois 31 à 36 de sa relation d'achat qu'au cours des mois 0 à 6.

Les bénéfices augmentent

Les clients à long terme sont plus susceptibles de développer leur activité et d'essayer d'autres produits d'une entreprise en qui ils ont confiance et de ses filiales. Une plus grande satisfaction client augmentera vos bénéfices dans toutes les gammes de produits. Une étude similaire menée par Bain & Company montre que les acheteurs en ligne sont plus susceptibles d'acheter différents types de produits dans les boutiques en ligne de leur choix. Par exemple, près de 70 % des clients en ligne de Gap ont déclaré qu'ils envisageraient d'acheter des meubles chez Gap.

Améliorer les relations avec les représentants de la marque

Vos clients de longue date sont également les ambassadeurs de votre marque. Le bouche à oreille est toujours considéré comme l'une des meilleures stratégies marketing. Regardons l'exemple de Dropbox pour voir à quel point cela est vrai. En 2008, il était difficile de promouvoir un service comme Dropbox : personne ne comprenait vraiment l'importance de quelque chose comme le stockage dans le cloud, et il était difficile de l'expliquer. Cependant, grâce au programme de parrainage, il a fait passer sa base d'utilisateurs de 100 000 à 4 millions en seulement 15 mois. Il est plus rentable de vendre aux clients existants. La fidélisation des clients est bien plus bénéfique que l'acquisition de nouveaux clients.

Indicateurs clés de fidélisation des clients

La clé pour augmenter la fidélisation des clients est de comprendre vos indicateurs clés. Mais quels sont ces indicateurs ? Comment les mesurez-vous ? Plus important encore, comment pouvez-vous les améliorer ?

Répondre à ces questions vous donnera les outils dont vous avez besoin pour élaborer une stratégie de fidélisation de la clientèle qui aura un impact significatif et durable sur les résultats de votre magasin. Pour ce faire, examinons les trois indicateurs de fidélisation client les plus importants et pourquoi ils sont importants.

1. Répétez l'offre du client

Le taux de clients fidèles est la base de la fidélisation de la clientèle. Il mesure le pourcentage de clients prêts à acheter à nouveau chez vous. Mesurer votre taux de réachat est un excellent moyen d'évaluer l'efficacité de votre stratégie de fidélisation de la clientèle. Plus cet indice est élevé, plus les clients sont disposés à revenir dans votre magasin. Lorsqu'il s'agit de mesurer la rétention, il est facile de se perdre dans une mer de calculs compliqués. Heureusement, calculer le nombre de clients fidèles est assez simple et ne nécessite que deux informations :

Nombre de clients qui effectuent plusieurs achats

Il s'agit du nombre de clients qui ont effectué plusieurs achats au cours d'une certaine période. Je recommande de regarder l'année entière pour avoir une vue d'ensemble.

Nombre de clients uniques

Il s'agit du nombre de clients différents qui ont acheté dans votre magasin au cours d'une période de temps spécifique. Veuillez noter qu'elle diffère de la quantité commandée. Heureusement, cela est calculé pour vous dans les rapports de Shopify. Si vous souhaitez le faire manuellement, divisez simplement le nombre de clients ayant effectué plusieurs achats par le nombre de clients uniques. Lorsque vous écrivez cette équation, elle ressemblera à ceci :

Fréquence d'achat

La fréquence d'achat indique la fréquence à laquelle les clients reviennent dans votre magasin. Ceci est particulièrement important si l'on considère que les clients réguliers représentent souvent une part importante du chiffre d'affaires annuel d'un magasin, en fonction de la catégorie de produits. Le calcul de la fréquence des achats dans votre magasin est similaire au calcul de la fréquence des achats répétés. En utilisant la même période que celle que vous avez sélectionnée pour votre taux de réachat (par exemple, un mois), divisez le total des commandes de votre magasin par le nombre de clients uniques. Lorsque vous écrivez cette équation, elle ressemblera à ceci :

Nombre de commandes/nombre de clients uniques

3. Valeur moyenne des commandes

Une fois que vous connaissez votre taux de répétition et votre fréquence d'achat, il est temps de maximiser la valeur de chacun de ces achats. Cet indicateur est appelé valeur moyenne des commandes et fait référence au montant que les clients dépensent dans votre magasin par transaction.

Tout comme la fréquence d'achat, la valeur moyenne des commandes doit être calculée sur la base de la même période que celle que vous avez définie pour votre taux de réachat. Ensuite, vous divisez simplement votre chiffre d'affaires annuel par le nombre de commandes exécutées par votre magasin. Shopify Reports calcule également ce nombre pour vous. Lorsque vous écrivez cette équation, elle ressemblera à ceci :

Revenu total gagné/nombre de commandes passées

4. Valeur à vie du client

Que vous souhaitiez augmenter ces mesures individuellement ou d'un seul coup, l'objectif ultime du marketing de fidélisation est d'augmenter la valeur client. La valeur client est la dernière pièce du puzzle car elle vous aide à comprendre la véritable valeur de chaque client.

Pour calculer cela, vous avez besoin d'une idée de la fréquence d'achat et de la valeur moyenne des commandes. En multipliant ces deux chiffres ensemble, vous pouvez véritablement voir les fruits de votre travail et comprendre le pouvoir du marketing de fidélisation.

Valeur client = fréquence d'achat x valeur moyenne des commandes

5. Taux d'abandon

Le taux de désabonnement des clients est le pourcentage de clients qui ne vous appartiennent plus sur une certaine période de temps. Plusieurs raisons peuvent expliquer l'augmentation du taux de désabonnement des clients. La raison est:

Attentes du client non satisfaites (mauvaise expérience produit ou service client)

J'ai trouvé une alternative moins chère ou meilleure

S'il s'agit d'un service d'abonnement, votre mode de paiement a peut-être expiré.

Erreur réseau

L'objectif est de maintenir le taux de désabonnement des clients aussi bas que possible. Mais vous devez d'abord savoir quel est votre niveau de mise. Pour ce faire, vous pouvez suivre l'équation écrite ci-dessous.

Stratégies de fidélisation de la clientèle

Voici quelques conseils et stratégies à suivre lorsque vous réfléchissez à la façon d'augmenter la fidélisation de la clientèle :

Utilisez un compte client : les comptes peuvent faciliter les achats répétés en donnant aux clients un accès rapide aux commandes précédentes et aux informations d'expédition pré-remplies. L'astuce est de vous permettre de créer un compte après avoir passé votre première commande.

Améliorer le service client : un système d'assistance vous aide à communiquer efficacement avec les clients et à leur fournir le niveau d'assistance dont ils ont besoin. Disposer d'un chat en direct ou d'un outil d'assistance peut transformer une question client en vente et une plainte client en solution, qu'elle provienne d'un site Web, d'un e-mail ou des réseaux sociaux.

Lancez un programme de fidélisation de la clientèle : les programmes de fidélité à la marque, parfois appelés programmes de fidélisation de la clientèle, sont un moyen efficace d'augmenter la fréquence d'achat, car ils motivent les clients à acheter plus souvent pour gagner des récompenses.

Envoyez des e-mails intéressants : les e-mails offrent la possibilité d'établir de bonnes relations avec les clients avant et après leur premier achat. Une excellente façon de commencer est d'envoyer des e-mails de suivi. Une semaine après le premier achat de votre client, envoyez-lui un e-mail de « remerciement pour son achat ».

Envoyez une remise après votre premier achat : Envoyer un code de réduction pour un achat autre que leur première commande est un excellent moyen de les encourager à revenir. C'est pour cette raison que les remises peuvent également être un moyen efficace de reconquérir les clients qui n'ont pas effectué d'achat depuis un certain temps.

Recueillir les avis des clients : les commentaires permettent aux clients de participer et de se sentir entendus. Au lieu de se limiter à des chiffres sur une feuille de calcul, vos clients se sentiront plus engagés et donc plus fidèles s'ils sentent que leurs opinions sont valorisées.

Démarrez un programme de parrainage : les programmes de parrainage exploitent les clients existants pour attirer de nouveaux clients dans votre entreprise. Cela implique généralement un certain type d'incitation, comme un code de réduction ou une bonne affaire (« Donnez 20 $, obtenez 20 $ »).

Offrez une expérience d'achat personnalisée : les marques qui excellent dans la personnalisation génèrent en moyenne 40 % de revenus en plus que celles qui ne le font pas. Cela peut inclure des recommandations de produits personnalisées, des expériences personnalisées et une formation personnalisée sur les produits.

Ils satisfont continuellement les clients. La satisfaction du client signifie dépasser les attentes des clients. Cela peut être soutenu par un excellent service client, des promotions, le partage d'histoires personnelles et même des cadeaux.

Offre une livraison rapide : les gens ne veulent pas attendre longtemps pour que leurs commandes soient livrées. Des données récentes montrent que près de la moitié des acheteurs abandonnent leur panier en raison des longs délais de livraison.

Facilite les retours. Environ 33 % des clients fidèles quitteront un détaillant s'ils ont des difficultés à le retourner. Les retours font partie d'un bon service client, et rendre les retours simples et faciles renforcera la confiance avec vos clients. Exemple de fidélisation client

N'oubliez pas d'envoyer régulièrement des messages personnels. Everlywell le fait avec brio en envoyant des e-mails personnalisés à votre liste avec des offres sur de nouveaux produits ou des ventes. Fournir des recommandations de produits supplémentaires et envoyer des invitations aux ventes à venir et aux promotions de nouveaux produits est un excellent moyen de poursuivre la conversation avec de nouveaux clients.

Si votre produit est cassé, usé ou a besoin d'être mis à jour, connaître la durée de vie du produit et envoyer des e-mails en temps opportun peut être le moyen idéal pour reconquérir les clients inactifs. Cette tactique peut être particulièrement efficace car idéalement, le bon message sera envoyé à la bonne personne au bon moment.

Cheveux luxueux

Dans sa section FAQ, Luxy Hair mentionne que les extensions de cheveux dureront en moyenne de trois à six mois, voire jusqu'à un an, selon l'usure. Sachant cela,

Luxy a pu mettre en place une série d'e-mails automatisés envoyés tous les trois, six mois et un an pour expliquer aux clients les avantages du nouvel ensemble de produits d'extension de cheveux. Ces e-mails contribueront à éduquer les premiers acheteurs, à mettre Luxy sous les projecteurs et à encourager les achats répétés tout en offrant un excellent service client. Dans toutes les interactions marketing après-vente, n'oubliez pas de rappeler aux clients pourquoi ils ont acheté auprès de votre marque en premier lieu. Les inciter à revenir dépend de votre capacité à leur montrer pourquoi acheter plus vaut leur temps et leur argent.

Dia & Co.

Dia & Co est une marque de vêtements spécialisée dans les vêtements pour femmes de grande taille. Depuis que Dia & Co a lancé son dernier programme de parrainage, les liens de parrainage de Dia & Co ont été partagés plus de 50 000 fois. Quarante mille clients ont partagé ces liens et au cours du premier mois, le programme a généré environ 22 conversions par jour.

Poivre

Pepper est un bon exemple de personnalisation. Pepper est une entreprise de soutiens-gorge qui aide les femmes à choisir la bonne taille de soutien-gorge. À cette fin, les clients sont invités à réaliser un test de 45 secondes, qui fournira des recommandations personnalisées basées sur les réponses du client. Voie occidentale

West Path est une marque de vêtements d'origine éthique fondée par des surfeurs à San Diego. Chaque forfait West Path comprend un autocollant West Path. C'est une petite chose mais ça reste une surprise et quelque chose en plus. Pour une somme modique de quelques centimes de plus, West Path peut faire sourire un client et lui laisser une impression de West Path dans son esprit.

dodu

Un système de gestion des retours peut vous aider à gérer tous les aspects des retours clients. Cela permet à vos clients d'initier des retours, et vous pouvez gérer et suivre les retours, remettre en vente les articles en stock et suivre l'impact financier sur vos livres. Chabbies a un bon exemple d'un bon système de gestion des retours. La boutique de vêtements pour hommes en ligne propose des retours gratuits : échanges gratuits dans les 90 jours et remboursements complets dans les 30 jours suivant l'achat. Tout ce que vous avez à faire est de saisir votre numéro de commande ainsi que votre code postal, votre adresse e-mail ou votre numéro de téléphone de livraison dans le formulaire en ligne et vous pourrez démarrer et terminer le processus de retour sans rencontrer de problèmes.

Quand se concentrer sur la fidélisation de la clientèle

Ce que vous vendez a un impact énorme sur la stratégie sur laquelle vous devez vous concentrer. Un détaillant vendant des meubles en cuir de luxe sera très différent d'un magasin vendant du café et du thé.

Les magasins dont les clients achètent fréquemment des produits de grande valeur auront la valeur à vie du client (CLV) la plus élevée. Ce sont les types de magasins qui peuvent bénéficier le plus d'une solide stratégie de fidélisation de la clientèle.

En général, à mesure que vous vous déplacez vers la droite de cette matrice, vous devriez vous concentrer davantage sur la fidélisation des clients. Mais n'oubliez pas que vous ne devez jamais ignorer aucun d'entre eux. Il s'agit de trouver l'équilibre qui convient le mieux à votre entreprise. Que vous deviez vous concentrer davantage sur l'attraction ou la fidélisation des clients dépend en grande partie de la situation de votre magasin dans son cycle de vie. Le magasin qui a ouvert ses portes hier est très différent de celui qui est ouvert depuis de nombreuses années.

Juste le commencement. Lorsque vous ouvrez un magasin pour la première fois, vous devez vous concentrer sur une chose : attirer les clients. À ce stade, les efforts d'acquisition de clients l'emporteront absolument sur la fidélisation. Concentrez-vous sur les stratégies et tactiques qui vous aideront à élargir votre clientèle. Prenez de l'ampleur : Vous avez désormais des clients fidèles et des ventes occasionnelles. À ce stade, vous pouvez commencer à mettre en œuvre des éléments de fidélisation pour encourager chaque client à continuer d'acheter. Je recommande de commencer par des campagnes par e-mail automatisées qui encouragent les clients fidèles à acheter à nouveau.

Cohérence : Vous n'êtes pas un géant du e-commerce, mais vos ventes sont en croissance. C'est à ce moment-là que vous devriez envisager d'intégrer des taux de fidélisation plus élevés dans vos efforts d'acquisition de clients. Vous pourriez envisager de lancer un programme de parrainage et/ou de fidélité et de prendre l'automatisation du marketing plus au sérieux. Votre stratégie de continuité des activités consiste à maximiser le profit de chaque client.

Créé : Vous êtes désormais une boutique en ligne réputée. Un défi commun pour les détaillants de cette envergure consiste à trouver des moyens de poursuivre leur croissance. Les rachats peuvent conduire à un grand nombre d'achats ponctuels, mais les stratégies de fidélisation peuvent encourager les clients à effectuer des achats plus fréquents, augmentant ainsi leur valeur à vie. À ce stade, vous devez prendre vos efforts de maintenance des données au sérieux et avec soin.

Bien testé : à ce stade, votre magasin a réussi les premiers tests. Vous avez eu beaucoup de succès au début et vous aviez beaucoup de processus et d'automatisation. Il est temps de se concentrer sur la maintenance. En plus de l'étape dans laquelle se trouve votre magasin, vous devez également ajuster votre stratégie en fonction de ce que vous vendez.

Créez votre stratégie de fidélisation de la clientèle dès aujourd'hui

Votre clientèle existante est le meilleur atout de votre magasin. Les clients connaissent déjà votre marque, vos produits et apprécient vos services.

Consacrer votre temps et votre énergie à améliorer l'expérience de ce groupe, plutôt que de trouver constamment de nouveaux clients, peut être un moyen efficace d'augmenter les revenus de votre magasin. Faites de la fidélisation de la clientèle une priorité dès aujourd'hui !

MISE EN ŒUVRE DE CAMPAGNES D'EMAIL MARKETING ET D'AUTOMATISATION

Les campagnes de marketing par e-mail et l'automatisation peuvent être des outils puissants pour augmenter les ventes et établir des relations solides avec les clients de votre boutique Shopify. Voici quelques étapes pour mettre en œuvre des campagnes de marketing par e-mail et l'automatisation de votre boutique Shopify :

1. Configurez le marketing par e-mail : Shopify Email vous permet d'envoyer des e-mails aux segments de clientèle qui se sont inscrits au marketing par e-mail sur votre boutique. Avec Shopify Admin, vous pouvez créer et envoyer des e-mails directement depuis Shopify Email. Vous pouvez personnaliser ou créer vos propres modèles de marque. Vous pouvez également choisir quels segments de clientèle (groupes) recevront vos e-mails. Les brouillons d'e-mails sont automatiquement enregistrés au fur et à mesure que vous les modifiez et ne sont envoyés que lorsque vous confirmez que le message est prêt. Vous pouvez également programmer des e-mails

à l'avance, ce qui vous aidera à planifier les activités de votre magasin à l'avance.

2. Créez une automatisation du marketing : l'automatisation du marketing vous permet d'envoyer automatiquement des messages multicanaux à vos clients, tels que des e-mails, des SMS et des notifications push. Vous pouvez augmenter l'engagement en utilisant des modèles d'automatisation, en modifiant les e-mails et en activant l'automatisation. Vous pouvez également gérer, créer, envoyer, automatiser et suivre vos campagnes Shopify en un seul endroit : la plateforme en laquelle vous avez confiance pour vous aider à gérer votre entreprise.

3. Choisissez votre audience : faites votre choix parmi une liste de clients ou un segment de clientèle, personnalisez vos e-mails et atteignez la bonne audience avec le bon message. Avant de l'envoyer, relisez votre e-mail pour voir exactement à quoi il ressemblera dans la

boîte de réception de votre client. Choisissez une date limite de soumission des propositions pour améliorer automatiquement le taux de clics de votre boutique.

4. Analyse et croissance : gérez votre entreprise avec Shopify. Envoyez et suivez des e-mails depuis la plateforme. Analysez comment automatiser les opérations et ajuster les flux de travail pour améliorer l'engagement client, le tout sur la plateforme Shopify. Envoyez des campagnes en utilisant votre domaine, renforcez les relations clients et augmentez la fidélité à la marque.

5. Types d'automatisation du marketing par e-mail Shopify : consultez le tableau ci-dessous pour en savoir plus sur les types d'automatisation du marketing par e-mail de Shopify : panier abandonné, paiement abandonné, envoi d'e-mails de bienvenue, envoi d'e-mails, envoi d'e-mails pour nouveaux clients, série d'e-mails répétés de clients, e-commerce. confirmations par e-mail, séries d'e-mails interactifs périodiques, mises à jour de la gamme de

produits, e-mails d'enquête ou de commentaires. En suivant ces étapes, vous serez en mesure de créer des campagnes de marketing par e-mail efficaces et d'automatiser votre boutique Shopify, vous aidant ainsi à augmenter vos ventes et à établir de solides relations clients.

CRÉER DES PROGRAMMES DE FIDÉLITÉ ET DES INCITATIONS POUR LES ACHATS RÉPÉTÉS

La fidélité des clients étant essentielle au succès d'une entreprise, il n'est pas surprenant qu'il existe de nombreux programmes de fidélité qui peuvent vous aider à accroître et à mesurer la fidélité de vos clients.

Et ce serait une grave erreur de NE PAS les utiliser. Poursuivez votre lecture pour savoir comment tirer le meilleur parti de ces programmes de fidélité afin de fidéliser vos clients.

Qu'est-ce qu'un programme de fidélisation client ? Un programme de fidélité est un type de programme marketing qui récompense les clients pour leur mécénat, leurs achats ou d'autres actions. L'objectif est d'accroître la fidélité des clients et d'augmenter la valeur à vie du client. L'importance de la fidélisation client pour votre boutique Shopify

Augmentez vos revenus de commerce électronique

Soyons réalistes : quelle que soit la qualité de votre entreprise, elle ne durera pas longtemps si vous n'avez pas de clients fidèles. Les clients fidèles sont plus susceptibles d'effectuer des achats répétés et d'inviter d'autres personnes dans votre magasin. Cela peut entraîner une augmentation des revenus des clients existants et nouveaux.

Créez un programme de promotion de marque efficace.

Les défenseurs de la marque sont la base de tout programme de fidélisation client réussi. Et ce qui est cool, c'est qu'ils ne doivent pas nécessairement être vos clients ! Il peut s'agir d'influenceurs ou d'autres personnes souhaitant promouvoir votre boutique et vos produits sur leurs plateformes. Il vous suffit de leur offrir les bonnes incitations, comme des remises exclusives et des offres spéciales, pour qu'ils puissent faire de même. Lorsqu'il s'agit de convertir des clients existants en ambassadeurs de la marque, cela peut également s'avérer efficace. Vous devez creuser en profondeur pour comprendre les besoins et les désirs de vos clients, vous pouvez développer un programme de fidélité qui les encourage à parler positivement de votre marque. Ceci, à son tour, vous aidera à attirer plus de clients potentiels, ce qui peut contribuer à augmenter les ventes et à fidéliser la clientèle.

Améliorez la réputation de votre marque

Pour encourager les utilisateurs à rejoindre et à continuer d'utiliser votre programme de fidélité, vous devez vous assurer qu'il est facile à utiliser et qu'il offre des récompenses significatives. Les programmes de fidélité peuvent aider à établir des relations avec les clients et à bâtir une réputation de marque positive.

Augmenter les bénéfices de l'entreprise

Des clients satisfaits signifient des bénéfices plus importants. Comme celui-ci. Si vous parvenez à fidéliser vos clients et à établir des relations, ils sont plus susceptibles de rester clients et de revenir sur votre boutique en ligne à l'avenir. La fidélité des clients augmente les bénéfices de votre entreprise en augmentant la valeur à vie de chaque client. Même si cela demande du temps et des efforts, il s'agit d'une excellente stratégie à long terme qui sera payante dans le futur. Obtenez des commentaires précieux de vos clients

Des programmes de fidélité passionnants aident les clients à se sentir engagés et connectés à la marque. Cela peut conduire à de précieux commentaires clients que vous pouvez utiliser pour améliorer votre entreprise ou vos produits. Vous serez en mesure de savoir ce qu'ils aiment et ce qu'ils n'aiment pas et comment vous pouvez changer en conséquence. Et si vous souhaitez fidéliser vos clients, un programme de fidélité peut vous y aider. Non pas que vous ne puissiez pas vous en passer, mais cela a été d'une grande aide depuis le premier jour.

Attirer de nouveaux clients

Un programme de fidélité basé sur la valeur peut vous aider à attirer de nouveaux clients. Si les clients voient qu'ils reçoivent quelque chose de valeur en échange de leur fidélité, ils seront plus susceptibles de rejoindre votre programme et de devenir des clients fidèles. Cela vous aidera à établir des relations avec de nouveaux clients et à augmenter leurs conversions, ainsi qu'à les transformer en clients fidèles. De plus, l'utilisation des techniques d'optimisation des conversions de Shopify vous aidera à identifier le public idéal pour vos produits, à encourager davantage de personnes à faire des achats dans votre magasin, à devenir des clients fidèles et à recommander votre boutique à d'autres.

Améliorer la fidélisation des clients

Les clients qui participent à un programme de fidélité sont plus susceptibles de rester dans votre entreprise. En effet, ils deviennent émotionnellement attachés aux récompenses et aux offres spéciales associées au programme, ce qui peut vous aider à les conserver plus longtemps. Bien entendu, il est important de veiller à ce que votre programme de fidélité soit continuellement mis à jour et amélioré afin de ne pas perdre votre clientèle fidèle au profit de vos concurrents. Une fois que vous aurez créé un programme de fidélisation client efficace, il deviendra une partie intégrante de votre stratégie commerciale. Cela contribuera à augmenter la valeur à vie du client et à créer une clientèle fidèle qui garantit le succès à long terme de votre entreprise.

Réduisez vos coûts publicitaires

Vous avez bien lu. Les programmes de fidélité peuvent contribuer à réduire les coûts publicitaires à long terme. En effet, les clients qui interagissent déjà avec votre marque seront plus susceptibles d'acheter chez vous et de faire connaître votre entreprise, ce qui signifie que vous n'aurez pas à dépenser autant en publicité et en promotions. Et parce que vous leur proposez un programme de récompenses, vous avez un impact direct sur la satisfaction client et bouclez la boucle de fidélité.

Quels types de clients fidèles sont les plus précieux ?

Client de transaction numéro 1

Ce sont des clients qui achètent des produits ou des services pour satisfaire leurs besoins immédiats. Ils sont souvent plus sensibles au prix et n'ont pas besoin de développer une relation avec votre marque. Donc, si vous attendez une fidélité à la marque au-delà d'un achat, vous risquez d'être déçu.

2 Clients émotifs

Ce sont des clients qui ressentent un lien fort avec votre marque, ce qui les rend fidèles et continuent d'acheter chez vous. Ils parlent souvent de vos produits sur les réseaux sociaux, portent le logo ou les vêtements de votre marque et vous recommandent à leurs amis et à leur famille. Ils ne feraient pas cela s'ils n'étaient pas des clients satisfaits !

3 Les clients sont des défenseurs de la marque

Ce sont des clients qui font tout leur possible pour soutenir votre entreprise et vous aider à faire passer le message. Ils rédigeront des avis positifs, répondront aux questions des clients potentiels, partageront des offres ou des réductions avec des amis, et bien plus encore. Ils deviennent souvent le visage de votre marque et fournissent des commentaires précieux tout en vous aidant à fournir un excellent service client.

4 vrais clients

Comme son nom l'indique, ces clients sont fidèles à votre entreprise en raison de la relation qu'ils entretiennent avec elle. Ils rechercheront souvent des remises et des récompenses de votre part, laisseront des avis positifs, des opinions sur la qualité de vos produits ou services et recommanderont votre marque à d'autres.

Pour eux, ce qui est plus important, c'est la fidélité à la commodité ou la fidélité au prix, mais à leur manière, ils sont fidèles à votre marque.

Les meilleurs types de programmes de fidélité Shopify

Programme de remise en argent

Ce type de programme permet aux clients de récupérer une partie de l'argent qu'ils ont dépensé dans votre magasin à chaque achat. Non seulement cela récompense les clients existants, mais cela encourage également de nouveaux clients à visiter votre magasin – tout le monde aime avoir la chance de gagner plus !

De plus, les programmes de cashback peuvent contribuer à accroître la fidélité des clients ; Bien sûr, vous renoncez maintenant à une partie de vos bénéfices, mais à long terme, vous serez récompensé par un taux de rendement beaucoup plus élevé. Les membres Prime dépensent jusqu'à 5 fois plus que les non-membres et achètent plus souvent. Ainsi, si vous proposez un excellent programme de cashback, les clients vous resteront probablement fidèles.

Programme de fidélité avec cartes perforées

L'une des méthodes les plus éprouvées est le programme de fidélité « carte perforée », dans lequel les clients reçoivent une carte physique ou un tampon virtuel après chaque achat, et une fois qu'ils ont collecté suffisamment de tampons, ils obtiennent quelque chose gratuitement !

De tels programmes de fidélité ont fait leurs preuves dans les papeteries, car les clients sont plus disposés à emporter leur carte avec eux et n'oublient pas de l'emporter avec eux lorsqu'ils font leurs achats. Cependant, ils ont également connu du succès avec leurs boutiques en ligne Shopify ; Les clients créent souvent un compte et y associent leur carte pour suivre facilement leurs progrès.

Les cartes perforées (généralement sous la forme d'applications de fidélité) présentent également une nouveauté qui peut contribuer à accroître la notoriété de la marque et à encourager les achats répétés. Les clients veulent être récompensés pour leur soutien continu et reviendront pour de futurs achats.

Programme de fidélité payant

Les programmes de fidélité payants impliquent que les clients paient une somme modique pour rejoindre le programme et recevoir des remises et des récompenses exclusives. Pourquoi les gens paient-ils pour rejoindre un programme de fidélité ? C'est simple : ces programmes donnent aux clients accès à des offres exclusives qu'ils ne trouveront nulle part ailleurs.

Les frais d'adhésion de fidélité peuvent contribuer à assurer leur sécurité et à protéger leurs données contre toute utilisation abusive. Les programmes de fidélité payants sont également plus efficaces que les programmes gratuits, car les clients sont plus susceptibles de rester fidèles s'ils ont déjà investi dans quelque chose.

Les membres Amazon Prime sont prêts à payer 99 $ par an pour des remises exclusives et une expédition rapide, il y a donc de fortes chances que vos clients fassent de même. Ces programmes récompensent les clients actuels pour leur historique d'achats tout en les encourageant à acheter plus souvent. Avec la bonne structure, un programme de fidélité payant peut rapidement devenir l'un des meilleurs investissements qu'une entreprise puisse faire. Les clients reçoivent des récompenses pour chaque achat et les entreprises utilisent cette méthode pour fidéliser leurs clients.

Programme d'accumulation de points

Ce système permet aux acheteurs d'accumuler des points pour chaque achat qu'ils effectuent, puis de les échanger contre des réductions et d'autres incitations. La meilleure chose à propos du démarrage d'un programme de points Shopify est l'enthousiasme que ressentent les clients lorsqu'ils réalisent à quelle vitesse leurs points commencent à s'accumuler, ce qui les incite davantage à revenir pour en savoir plus ! Ils pourront alors échanger leurs points et devenir vos clients réguliers pour toujours.

Ce type de programme de fidélité récompense les personnes fidèles à votre magasin, créant ainsi un lien entre vous et vos clients bien plus significatif que ce que les promotions seules peuvent créer. Puisque la fidélité des clients est plus importante que jamais, il est important d'avoir le bon programme en place pour fidéliser les clients !

Programme de fidélité multicanal

Un programme de fidélité est un outil efficace pour récompenser les clients pour leurs achats répétés. Les programmes de fidélité omnicanaux intègrent plusieurs canaux, tels que les magasins physiques, les sites Web ou les applications mobiles, dans une expérience client unique, permettant aux clients de gagner des points et des récompenses quels que soient leurs achats.

Où acheter? De tels programmes de récompense peuvent offrir aux entreprises un certain nombre d'avantages, notamment une augmentation des ventes, un plus grand engagement client, une transparence et une précision améliorées des données et une meilleure capacité à fidéliser les clients. Avec un programme de récompenses omnicanal, vous aurez davantage de possibilités de personnaliser votre expérience après-vente sur site.

Programme de fidélité Alliance

Ces types de programmes de fidélité donnent aux clients des points pour des activités autres que les achats dans votre magasin, telles que la création de références, la liaison de comptes de réseaux sociaux et l'inscription à des newsletters, en plus des points basés sur les achats qu'ils peuvent gagner grâce aux programmes de fidélité traditionnels.

Et s'il est vrai que vous n'obtiendrez peut-être pas autant de retour sur investissement immédiat avec ce type de programme de fidélité, vous serez récompensé par un taux de retour beaucoup plus élevé. Il y a quelque chose à dire sur le développement d'un sentiment de communauté et de connexion entre vos clients et votre entreprise, ce qui conduit à une augmentation globale de la fidélité des clients à mesure que les clients reviennent dépenser plus pendant de longues périodes dans votre magasin.

Programmes basés sur la valeur

Lorsqu'il s'agit de fidéliser remarquablement vos clients, les programmes basés sur la valeur de Shopify offrent la solution parfaite. Offrir différentes récompenses en fonction des dépenses des clients ou de la fréquence d'achat est un excellent moyen d'engager les clients et d'encourager les achats répétés.

Avec une structure de récompenses personnalisée, les entreprises peuvent créer le programme de fidélité idéal pour récompenser les meilleurs clients tout en encourageant des ventes plus élevées. Un avantage supplémentaire est que les programmes de fidélité basés sur la valeur permettent aux entreprises de suivre plus facilement le comportement des clients, ce qui améliore encore les ventes et augmente l'engagement des clients. .

Programme de fidélité premium

Si vous recherchez un moyen efficace de motiver vos clients et de récompenser leur fidélité, les programmes de récompenses peuvent vous convenir. Ces programmes vous permettent d'offrir des récompenses à vos clients les plus fidèles comme des remises spéciales et des offres de produits exclusives. Le véritable avantage d'un tel programme réside dans la manière dont il récompense les clients au fil du temps : avec de meilleures offres, des bonus ou un accès exclusif à des événements ou à des produits personnalisés.

Programme de fidélité combiné

Alors que de plus en plus de clients recherchent des récompenses pour leurs achats auprès de leurs marques préférées, les programmes de fidélité hybrides deviennent rapidement l'un des moyens les plus efficaces de récompenser les acheteurs sur Shopify.

Un programme hybride qui combine des points, des niveaux et des programmes VIP donne aux marques la flexibilité de se connecter avec les clients de manière nouvelle et intéressante, tout en récompensant les clients fidèles tout en les incitant à participer au programme de marketing de référence. Les clients gagnent des points de différentes manières, ce qui conduit finalement à des récompenses plus élevées, à une meilleure gestion des données client et à un meilleur service client.

Les avantages des meilleurs programmes de fidélité vont des remises et de la livraison gratuite aux expériences exclusives qui incitent les clients à revenir. Ces récompenses permettent de réaliser des économies significatives par rapport aux stratégies traditionnelles des équipes marketing.

En fin de compte, les programmes de fidélité combinés permettent aux commerçants Shopify d'établir des relations clients à long terme tout en augmentant les ventes répétées et en élargissant leur clientèle. Programme à plusieurs niveaux

Les programmes de fidélité lancés par les clients deviennent de plus en plus importants et les programmes de fidélité à plusieurs niveaux gagnent rapidement en popularité. Les programmes de fidélité fonctionnent en récompensant les clients qui dépensent plus avec des avantages et des récompenses plus exclusifs. Différents niveaux peuvent offrir des réductions, une livraison gratuite, des échantillons gratuits ou même un accès VIP à des événements spéciaux ou des promotions.

Plus le niveau est élevé, plus la récompense est précieuse, ce qui permet aux clients de se sentir appréciés et les encourage à dépenser davantage dans votre magasin. Ces programmes augmentent non seulement l'engagement des clients, mais encouragent également les achats répétés grâce à de précieuses incitations. Eh bien, qui n'aime pas être récompensé ? Avec le bon niveau de programme de fidélité, tout le monde y gagne, en particulier le client. Et si vous souhaitez fidéliser vos clients, mesurer leur fidélité et influencer leurs dépenses dans votre magasin, c'est ce dont vous avez besoin !

Comment fidéliser vos clients dans votre boutique en ligne Shopify ? Créez un programme de fidélité pour récompenser les clients qui dépensent de l'argent dans votre magasin.

Augmenter la fidélité des clients dans votre boutique en ligne Shopify peut être un défi, mais créer un programme de récompense client est un excellent moyen de dire merci et de montrer que vous appréciez votre entreprise. Comment est le leur ? Les programmes de récompenses sont des offres intéressantes qui offrent aux clients des réductions et des points lorsqu'ils effectuent des achats dans votre magasin. Cela les calme et les motive à revenir dans votre magasin. Vous pouvez également fidéliser vos clients en ajoutant une touche personnelle à chaque transaction ; Prenez le temps de remercier chaque client via email ou un message personnalisé dans l'emballage de la commande. Faire preuve d'une véritable appréciation contribuera grandement à aider vos clients et à leur faire se sentir spéciaux, ce qui en fera en fin de compte des clients fidèles.

Donnez aux clients un accès exclusif aux ventes et aux remises non disponibles au grand public.

Tout le monde aime les offres spéciales et les réductions, et les clients réguliers ne font pas exception. Offrir des remises exclusives ou un accès anticipé à une vente est une bonne option si vous souhaitez récompenser vos clients les plus précieux tout en les fidélisant. Cela vous permet d'établir des relations avec les clients tout en générant des achats répétés. Avec le bon programme de fidélité, vous pouvez proposer des offres VIP à vos meilleurs clients.

Envoyez des e-mails personnalisés avec des recommandations de produits basées sur les achats passés.

La personnalisation ne peut être surfaite : c'est un outil puissant pour attirer les clients et les fidéliser. L'envoi d'e-mails contenant des recommandations de produits personnalisées donne aux clients l'impression que vous prêtez attention à ce qu'ils aiment et n'aiment pas. Cela crée un lien émotionnel qui peut conduire à une fidélité à long terme, conduisant à des niveaux plus élevés de fidélisation des clients ainsi qu'à une volonté de rachat des clients et à une augmentation de leur satisfaction.

Montrez votre appréciation pour les commentaires des clients et mettez en œuvre leurs suggestions autant que possible.

Un autre avantage est que montrer son appréciation pour les avis des clients peut grandement contribuer à fidéliser. Non seulement cela montre que vous appréciez leur opinion et que vous êtes intéressé à apporter des changements, mais cela encourage également les clients à revenir car ils se sentent entendus et respectés. Si possible, récompensez les clients pour leurs avis avec des remises ou des points bonus afin de renforcer davantage le cycle de fidélisation de la clientèle. Aidez les clients à vous contacter facilement s'ils ont des questions ou des préoccupations.

Assurez-vous que les clients peuvent facilement contacter les représentants du service client pour toute question ou préoccupation - par e-mail, chat en direct, réseaux sociaux ou via un portail d'assistance dédié - puis assurez-vous de répondre. réponse opportune. Ce niveau de réactivité sur les réseaux sociaux montrera aux clients que vous les valorisez en tant que clients, ce qui est important si vous souhaitez fidéliser vos clients.

Offre plusieurs options de paiement

Celui qui a dit que la commodité était reine avait raison : les acheteurs s'attendent à plusieurs options de paiement lorsqu'ils font leurs achats en ligne. Cela signifie proposer plusieurs devises, passerelles de paiement, options de paiement social et virements bancaires pour garantir qu'aucun client n'est laissé pour compte. Offrir davantage d'options de paiement encourage les gens à effectuer des achats sans retards ni contretemps, ce qui est important si vous souhaitez fidéliser vos clients. En stockant leurs informations de paiement en toute sécurité, les clients pourront à nouveau faire leurs achats chez vous à l'avenir, encourageant ainsi les anciens et les nouveaux clients. Fidélisez vos clients avec l'agence Shopify WeCanFly

La fidélité des clients est d'une grande importance pour votre entreprise : elle conduit à une plus grande fidélité à la marque, à des achats répétés ainsi qu'à des opinions positives à votre sujet. Avec les programmes de récompenses, vous pouvez développer des habitudes d'achat, attirer de nouveaux clients, traiter les données des clients pour les encourager à rejoindre votre programme de parrainage et voir des clients fidèles acheter régulièrement.

Comment faire du shopping avec vous ? Shopify facilite les choses, donc si vous êtes toujours là, vous pourriez envisager de passer à Shopify.

Vous savez désormais comment fidéliser vos clients, créer une expérience client positive et augmenter la satisfaction des clients avec votre boutique en ligne. Cependant, mettre en œuvre toutes ces idées sans aide extérieure peut s'avérer difficile. C'est là qu'intervient une agence Shopify plus : elle peut vous fournir les outils et les ressources dont vous avez besoin pour assurer le succès de vos efforts de fidélisation de la clientèle. De la création d'un programme de récompenses à la fourniture d'un service client personnalisé, une agence Shopify possède l'expérience et les connaissances nécessaires pour vous aider à fidéliser vos clients et à garantir que ceux-ci reviennent.

7

Optimiser le processus de paiement

Rationaliser le processus de paiement pour une expérience client fluide

Comment simplifier le processus de paiement sur Shopify

Bienvenue dans le monde du e-commerce, où chaque clic compte. Si vous souhaitez augmenter vos ventes, vous devez maîtriser l'art de l'optimisation du paiement Shopify. Selon une étude, le taux moyen d'abandon de panier est de 70,19 %.

Imaginez : un processus de paiement simplifié, moins de champs de formulaire et plus d'options de paiement. C'est une formule magique. Les acheteurs veulent de la simplicité, de la fiabilité et de la commodité. Mais ne me croyez pas sur parole. Plongez dans l'optimisation du paiement Shopify. Facilitez la vie de vos clients et ils vous offriront des taux de conversion plus élevés. Explorez les possibilités dès aujourd'hui. Qu'est-ce que l'optimisation des paiements ?

« Considérez l'optimisation du paiement Shopify comme la sauce secrète qui facilite les achats de vos clients. L'objectif est d'éviter que vos clients ne soient submergés par trop de choix et d'obstacles inutiles.

L'optimisation du paiement Shopify est conçue pour faciliter les achats de vos clients. Regardons-le ensemble. Qu'est-ce qui affecte le processus de commande ?

Pour être honnête, il peut y avoir de nombreuses raisons pour lesquelles les clients abandonnent le processus de paiement. Voici quelques conseils concernant le processus de paiement :

Mauvaise navigation sur le site.

Aucune preuve sociale ni avis sur les produits.

Livraison gratuite Livraison Miss.

Les frais de port sont trop élevés ou inutiles.

Conseils pour optimiser les paiements sur Shopify

Bienvenue dans le monde d'excellence du e-commerce ! Plongeons dans le domaine de l'optimisation de Shopify Checkout. ? Découvrez comment rationaliser le processus de paiement de votre boutique en ligne pour une expérience d'achat plus fluide. Examinons les secrets pour augmenter les ventes et la satisfaction des clients en un seul clic. Prêt? Les étapes de commande sont claires et concises

Lorsqu'il s'agit de Shopify, l'optimisation du processus de paiement est cruciale pour une expérience d'achat fluide. Imaginez ceci : vous faites vos achats et votre parcours d'achat est comme une histoire bien organisée. Tout d'abord, vous parcourez le « aperçu du panier » ? où vous récupérez votre trésor.

Rendez-vous ensuite dans la section « Détails de livraison ». comme choisir un lieu pour une aventure. Enfin, vous atteignez le point culminant passionnant : l'étape « Paiement » où vous clôturez la transaction. Dans le monde de l'optimisation du paiement Shopify, cette approche de narration séduit les acheteurs de tous âges. C'est comme les guider à travers une histoire captivante qu'ils peuvent facilement suivre. Donc si vous souhaitez augmenter les conversions, pensez à structurer vos deals en suivant ces étapes claires et concises.

Peut commander pour les clients

Imaginez-vous entrer dans un joli magasin, prêt à acheter quelque chose que vous attendiez. Cependant, avant de récupérer votre portefeuille, le caissier vous demandera votre historique de vie : nom et prénom, adresse, date de naissance et mot de passe secret. Décevant, n'est-ce pas ?

Eh bien, dans le monde en ligne, cela revient à forcer les acheteurs à créer un compte avant de pouvoir cliquer sur « Acheter ». C'est comme leur demander de courir un marathon avant de pouvoir faire leurs premiers pas.

Entrez dans le héros de notre histoire : l'optimisation des paiements Shopify. C'est la baguette magique qui facilite les achats en ligne. Considérez-le comme le ticket d'entrée de votre client vers une boutique en ligne : aucune date de naissance ni mot de passe n'est nécessaire, juste des achats rapides et faciles.

Et le meilleur, c'est que la plateforme de commerce électronique Zalando a déjà commencé à la mettre en œuvre. Ils comprennent que faire du shopping est aussi simple que de cueillir une pomme mûre sur un arbre. Alors pourquoi faire pression sur les acheteurs potentiels avec des comptes déroutants ? Rester simple. L'optimisation de Shopify Checkout est votre ticket pour des achats sans tracas.

Conception mobile

Dans le monde trépidant du commerce électronique, l'optimisation de Shopify Checkout est la clé du succès. Avance rapide jusqu'en 2024, où environ 292 millions de personnes disposeront d'un appareil mobile fiable à portée de main. En outre, environ 187,5 millions d'entre eux cliqueront sur le bouton « Acheter maintenant » de leur smartphone. Pour rester dans le jeu, le processus de paiement doit être aussi adapté aux appareils mobiles que possible. Ce sont des suggestions :

Tout d'abord, optimisez votre code pour qu'il se charge rapidement. La vitesse est le nom du jeu. Ensuite, abordez la réactivité. Votre site Web doit s'adapter comme un caméléon à n'importe quelle taille d'écran. Enfin, les boutons sont grands et faciles à utiliser. « Ajouter au panier » et « Commander » crient pratiquement « Cliquez sur moi ».

L'optimisation du paiement Shopify est votre ticket d'or pour réaliser ces dépenses. Ne le manquez pas.

Bouton d'intention de sortie de la fenêtre contextuelle intelligente

Disons que vous faites des achats en ligne et que vous voulez presque dire au revoir à la page de paiement. Mais attendez, il y a de la magie ici : « Popup d'intention de sortie ».

Cette fenêtre contextuelle sera votre assistant numérique convivial. Il suit chacun de vos mouvements et de vos sens lorsque vous êtes sur le point de partir. Lorsque vous êtes sur le point de partir, il agite simplement sa baguette et vous donne quelque chose de spécial.

Que diriez-vous de la livraison gratuite ou d'une bonne réduction ? Croyez-moi, ces fenêtres contextuelles fonctionnent à merveille, vous gardant sur la page de paiement et vous assurant de ne pas manquer les articles dont vous avez besoin.

Lorsqu'il s'agit d'optimiser le processus de paiement sur Shopify, ces fenêtres contextuelles d'intention de sortie sont votre arme secrète. Ils rendront vos achats magiques.

Développez la confiance avec les badges de confiance

Imaginez que vous parcourez votre boutique en ligne préférée et que vous êtes prêt à effectuer un achat. Soudain, des doutes sont apparus. Pouvez-vous faire confiance à ce site Web avec vos informations confidentielles ? Tu n'es pas seul; 17 % des acheteurs abandonnent leur panier en raison de ces préoccupations.

Mais n'ayez pas peur ! La solution consiste à optimiser votre processus de paiement Shopify. Pensez : certificats SSL, badges de paiement, logos antivirus, garanties de remboursement et avis clients positifs.

Ces badges de confiance améliorent non seulement la réputation de votre marque, mais rassurent également les clients sur le fait que vous les soutenez. Alors, recherchez des symboles et des critiques célèbres lorsque vous faites vos achats. Ce sont les gardiens de vos achats en ligne.

Ventes croisées et ventes incitatives

Explorons une autre méthode pour optimiser le paiement sur Shopify et croyez-moi, cela change la donne. Ce sont des avantages pour les clients et des moteurs pour votre entreprise. Alors, comment pouvez-vous faire cela?

Une enquête a montré que la mise en œuvre de techniques de vente croisée et de vente incitative dans votre magasin augmente les ventes de 40 à 45 % et le meilleur, c'est que cela contribue également à la fidélisation de la clientèle et que les ventes d'achats ont également commencé à avoir lieu. Imaginez que vous recherchez un survêtement sur un site Web et que soudainement une fenêtre contextuelle apparaît sur la page de paiement avec la photo d'une paire de chaussures qui vous va parfaitement. Il s'agit de vente croisée, améliorant votre expérience d'achat. Mais s'il vous plaît, attendez encore un peu. Vous regardez votre montre. Soudain, une proposition encore meilleure est apparue. Il s'agit de ventes supplémentaires qui font passer votre magasin au niveau supérieur. Lorsque vous utilisez cette stratégie lorsque vous passez des commandes, vous jouez simplement pour gagner. Vos clients découvriront des choses dont ils ignoraient l'existence. La meilleure partie est que vous pouvez également utiliser des applications spécifiques dans votre boutique, telles que :

Vendre est facile.

Ça se vend mieux. Ouvrir.

UFE. Compression OCU.

Activer les emails d'annulation de transaction

Le secret pour augmenter le succès de votre boutique Shopify est d'optimiser votre processus de paiement Shopify. Vous savez, près de 70 % des clients potentiels abandonnent leur panier. Mais ne désespérez pas. Il existe une excellente solution pour cela : envoyer un e-mail de commande abandonnée ou d'abandon de panier. Disons qu'un client sur votre site commence le processus d'achat mais, pour une raison quelconque, l'interrompt à mi-chemin. Que va-t-il se passer ensuite? Avec Shopify, vous pouvez facilement activer les notifications automatiques par e-mail. Le timing est essentiel ici. Nous vous recommandons d'envoyer ces e-mails dans l'heure suivant votre désinscription. Agir rapidement augmentera vos chances de reprise : vous obtenez généralement 5 à 10 % d'activité en plus. Attendre le lendemain ne produira pas les mêmes résultats.

Parlons maintenant de la configuration. La ligne d'objet par défaut de l'e-mail « Achat terminé » est correcte, mais rendez-la encore plus attrayante. Remplacez le titre du bouton "Articles dans le panier" par quelque chose d'intéressant comme "Terminer l'achat" ou "Ne manquez pas cette offre".

Pour cela, vous pouvez trouver des solutions avancées d'abandon de panier pour lesquelles vous pouvez consulter des applications spécifiques qui vous aideront comme rappels de paiement. Cela vous aidera à récupérer tous les achats abandonnés et les offres en cours, par exemple avec les modes de paiement en attente comme le paiement à la livraison ou le virement bancaire. Optimiser la vitesse de chargement à la caisse

Vous comprenez certainement l'importance de la vitesse du site, notamment lorsqu'il s'agit d'optimiser les paiements Shopify. Visiter votre boutique en ligne est comme le sprint final d'une course, et chaque seconde compte.Selon Selon une étude réalisée en 2019 par Portent, chaque seconde supplémentaire de charge de transaction entraîne la perte de 4,42 % des conversions potentielles.

Passons maintenant aux étapes concrètes. Pour améliorer votre expérience de paiement Shopify, commencez par utiliser des images compressées comme logo et image d'arrière-plan. Soyez également prudent avec les passerelles et applications de paiement tierces lors du paiement, car elles peuvent ralentir le processus. N'oubliez pas que si vous n'utilisez pas Shopify Plus, vous ne pourrez peut-être pas mettre en œuvre toutes vos offres. Cependant, essayez de faire en sorte que la page de paiement se charge en moins de 4 secondes, car le bureau a tendance à mieux fonctionner sur mobile. En bref, optimiser la vitesse de paiement sur Shopify consiste autant à garantir le bon déroulement du processus de paiement pour vos clients. Agissez rapidement et vous verrez vos taux de conversion monter en flèche.

Offre une assistance par chat en direct

Garantir une expérience d'achat fluide est essentiel pour optimiser le processus de paiement sur Shopify. Imaginez : vous, un acheteur expérimenté, vous présentez à la caisse. Le doute s'est installé. Est-ce que cela conviendra ? Et si je change d'avis ? N'ayez pas peur! Je l'ai attrapé. Rencontrez SuitSupply, le maître de l'optimisation des paiements Shopify. Imaginez : vous êtes sur la page de paiement et voyez un chatbot ! Réponses instantanées aux questions sur les tailles, les achats et les retours. Fini les débats interminables. C'est rapide, facile et sans tracas. Pourquoi est-ce important ? Eh bien, 41 % des acheteurs ont utilisé ces chatbots utiles pour prendre des décisions. Ils sont comme vos amis commerçants qui vous guideront à travers tout. Cela réduit également la charge du service client, donc tout le monde y gagne. En bref, avoir un chatbot de confiance à proximité facilite les achats. Dites adieu à l'hésitation et achetez en toute confiance. Bon shopping! ?

Offre plusieurs méthodes de paiement et de livraison

Vous êtes prêt à effectuer un achat dans votre boutique en ligne préférée et vous êtes impatient. Cependant, lorsque vous arriverez sur la page de paiement, vous n'aurez accès qu'à une seule option de paiement, et ce ne sera pas votre méthode préférée. Décevant, n'est-ce pas ? Eh bien, c'est là qu'une page de paiement Shopify bien optimisée entre en jeu. C'est comme du shopping virtuel créé spécialement pour vous. Voici le problème : la meilleure solution est de proposer plusieurs options de paiement.

Vous pouvez payer avec une carte de crédit ou de débit, ou peut-être préférez-vous la commodité de Shop Pay et PayPal. Et pour les férus de technologie, les portefeuilles numériques comme Samsung Pay, Apple Pay et Google Pay sont à portée de main. Mais s'il vous plaît, attendez un instant ! Vous pouvez même choisir de payer en plusieurs fois. Bonnes nouvelles? En tant que propriétaire de boutique Shopify, vous pouvez le faire. C'est simple : accédez à votre interface administrateur Shopify, accédez à Paiements et commencez à ajouter différents modes de paiement. Vos clients vous en remercieront.

N'oubliez pas : en proposant plusieurs options de paiement, vous ne simplifiez pas seulement le processus de paiement ; Vous donnez à vos clients la liberté de faire leurs achats comme bon leur semble. C'est un résultat gagnant-gagnant et bon pour tous. Vous souhaitez optimiser vos commandes ? Commencer!

Implémenter les adresses automatiques de Google

Vous êtes pressé de passer une commande en ligne et la dernière chose que vous souhaitez faire est de perdre de précieuses minutes à saisir votre adresse de livraison. C'est là que la saisie semi-automatique de Google vient à la rescousse. C'est comme un assistant personnel lors de vos achats en ligne !

Avec Google AutoComplete, il vous suffit de commencer à saisir votre adresse et paf ! Votre ville, votre état et votre code postal apparaîtront comme par magie, vous faisant gagner plus de temps que de les saisir manuellement. Fini les erreurs gênantes, notamment sur les appareils mobiles.

Mais voici la vraie magie : la satisfaction du client augmente lorsque le processus d'achat est fluide. Imaginez la joie de recevoir votre commande sans tracas. Ce sont les petites choses qui font une grande différence. Alors pourquoi attendre ? Activez la saisie automatique Google dans votre boutique en ligne dès aujourd'hui et voyez les clients sourire à chaque achat. C'est un choix judicieux pour une expérience de magasinage plus pratique. Ne manquez pas cette opportunité, commencez dès maintenant.

Utiliser des techniques psychologiques de choc

Dans le monde bruyant des achats en ligne, une lutte acharnée silencieuse se déroule dans l'esprit de vos clients potentiels. Ils réfléchissent au but de leurs dépenses, à la nécessité du produit souhaité. Embarquons maintenant dans un voyage qui aidera ces clients à dire un « oui » catégorique.

Imaginez le scénario suivant : une page de paiement décorée de déclencheurs psychologiques conçus pour aider à la considération de l'achat :

Urgence : faites attention aux offres à durée limitée qui susciteront une urgence.

Rareté : découvrez l'attrait d'un stock faible qui encourage des décisions rapides.

Preuve sociale : suivez l'intelligence collective des avis et notes clients.

Réciprocité : profitez de cadeaux et de réductions tout en attirant les cœurs et les portefeuilles.

Fiabilité : bénéficiez du soutien des géants de l'industrie.

Émotionnellement engageant : sentez-vous connecté lorsque les descriptions de produits touchent votre cœur.

FOMO (peur de manquer quelque chose) : rejoignez la tendance et voyez ce que les autres suivent.

Simplicité : La navigation dans le processus de paiement est simple et directe.

Personnalisation : trouvez des recommandations adaptées à vos intérêts.

Fiable : offrez-vous une tranquillité d'esprit grâce à un badge de paiement sécurisé et à une politique de retour transparente.

Croyez-le ou non, l'optimisation des caisses est un secret utilisé par la plupart des magasins. Tout au long du panier, il rappelle doucement les choix conscients du consommateur. Ce n'est pas seulement une entreprise ; C'est une célébration des valeurs écologiques. Ce qui est intéressant, c'est que les clients peuvent même contribuer via des compensations et des dons.

Application

Vous voyez, l'optimisation de votre processus de paiement Shopify est cruciale pour le succès de votre boutique en ligne. Imaginez ceci : au stade du paiement, un client potentiel décide soit d'effectuer une transaction, soit d'abandonner son panier, éventuellement en passant chez un concurrent.

L'optimisation du paiement est le secret pour garantir à vos clients une expérience d'achat agréable et sans tracas. Si votre objectif est d'augmenter les ventes et de réduire les abandons de panier, il est alors indispensable de personnaliser votre processus de paiement.

L'optimisation de votre paiement Shopify peut avoir un impact positif sur vos clients. Croyez-le ou non, même de petits changements, comme changer la couleur et la position des boutons, peuvent avoir un impact important sur la finalisation d'un achat.

Alors pourquoi ne pas l'essayer ? Bien réalisées, ces améliorations du paiement amélioreront non seulement votre site Web, mais encourageront également les achats répétés, ce qui profitera à votre boutique en ligne. Vous souhaitez améliorer votre processus de paiement Shopify ? Commencez aujourd'hui.

RÉDUIRE LES ABANDONS DE PANIER GRÂCE À DES STRATÉGIES EFFICACES

La douleur de l'abandon de panier affecte à la fois les petites et les grandes entreprises de commerce électronique. Mais ce n'est qu'à grande échelle que la douleur s'aggrave. Supposons que votre site de commerce électronique compte 125 000 visiteurs mensuels, une valeur de commande moyenne de 100 $ et un taux de conversion visiteur-vendeur de 0,92 %.

Si vous augmentez votre taux de conversion de seulement 0,5 %, vous générerez 62 500 $ de revenus supplémentaires par mois. Cela représente 690 000 $ par an.

Des chiffres comme ceux-ci expliquent pourquoi l'optimisation du taux de conversion est importante. La question est par où commencer ?

Qu'est-ce que l'abandon de panier Shopify ? L'abandon du panier Shopify se produit lorsqu'un client ajoute des produits au panier en ligne de votre boutique Shopify mais ne parvient pas à finaliser l'achat. L'abandon de panier est courant en raison de processus de paiement compliqués, de frais d'expédition élevés et de vœux pieux.

Quel est le taux moyen d'abandon de panier ?

Le taux moyen d'abandon de panier est légèrement inférieur à 70 %. Les recherches de Statista ont également révélé que lorsque les clients britanniques abandonnent leurs chariots, moins d'un tiers reviennent acheter les produits restants. Toutefois, un quart d'entre eux achètent le même produit chez un concurrent. Pourquoi les gens quittent-ils le tramway ? Les dernières recherches des instituts BAIMARD montrent les raisons courantes suivantes :

- o Le surcoût est trop élevé (livraison, taxes, frais) (48%)
- o Le site Web veut que je crée un compte (24 %)
- o La livraison est trop lente (22%)
- o Je ne fais pas confiance au site Web avec les informations de carte de crédit (18 %)
- o Le processus de contrôle est trop long/complexe (17 %)
- o Je n'arrive pas à voir/calculer le coût total de la commande au recto (16%)
- o Le site Web est défectueux/cassé (13 %)

o La politique de remboursement n'est pas satisfaisante (12%)

o Il n'y a pas assez de moyen de paiement (9%)

o Les cartes de crédit ont été refusées (4 %)

Selon Bainard, les États-Unis et 260 milliards de dollars ne sont ordonnés à l'UE que par le flux et une meilleure conception. Si vous exploitez une boutique Shopify, découvrez comment réduire les abandons de panier et récupérer les ventes perdues.

11 façons de réduire les abandons de panier sur Shopify

1. Envoyez un e-mail aux paniers abandonnés

La plupart des spécialistes du marketing en ligne craignent l'abandon de leur panier. Mais voici le problème : la restauration de chariots rapporte réellement de l'argent. Les données Klaviyo montrent que les clients inclus dans leur ensemble de données ont généré plus de

60 millions de dollars de revenus en trois mois grâce à des campagnes par e-mail de panier abandonné.

Les e-mails de récupération de panier offrent également les meilleures performances de toutes les stratégies de marketing par e-mail. Les mesures de performances courantes pour les e-mails de panier abandonné dans l'ensemble de données Klaviyo incluent :

Taux d'ouverture : 41,18%

Taux de clics : 9,50 %

Revenu par client : 5,81 USD.

Si vous souhaitez utiliser la récupération de panier abandonné par e-mail et SMS, ajoutez l'application Klaviyo à votre boutique. Klaviyo est le partenaire stratégique officiel de Shopify. Des marques comme Glossier, Osea et Loeffler Randal utilisent les fonctionnalités d'automatisation avancées de Klaviyo pour créer des campagnes de marketing par e-mail rentables.

Vous pouvez également synchroniser Klaviyo avec toutes vos données Shopify telles que l'activité du site, les balises, les catégories et les coupons, et comparer les performances de votre entreprise avec d'autres marques comme la vôtre.

2 Démarrez le programme de récompenses

Les programmes de récompenses transforment les clients fidèles en gros dépensiers. Une étude du Harvard Business Review (HBR) de 2021 a révélé que les promotions ciblées dans les programmes de fidélité augmentent la probabilité d'achat de 6,1 %. HBR a découvert que les programmes de récompenses peuvent encourager les clients à acheter davantage de vos produits que vos concurrents. L'étude a également révélé que les clients fidèles achetaient des versions plus chères des mêmes produits haut de gamme qu'ils avaient précédemment achetés au détail. Pour ces deux types de clients, les programmes de fidélité ont augmenté les dépenses d'environ 50 % au cours des deux années d'étude.

Heureusement, aujourd'hui, vous pouvez facilement lancer un programme de récompenses à l'aide de deux applications Shopify :

Smile, prend en charge les programmes de fidélité, de parrainage et de récompenses VIP. La mise en place du programme ne prend que quelques minutes et notre équipe d'experts vous assiste 24h/24 et 7j/7.

LoyaltyLion vous aide à développer votre communauté juridique avec des recommandations, des avis et bien plus encore. Ces applications peuvent vous aider à encourager les achats répétés en permettant aux acheteurs en ligne de gagner et d'échanger des points. Vous pouvez adapter le programme à la personnalité de votre marque et l'intégrer à d'autres partenaires comme Klaviyo.

3. Utilisez la fonction de chat

Le chat en direct est un autre moyen de réduire les taux d'abandon de panier Shopify. Vous pouvez utiliser le chat pour aider les clients à passer des commandes et à fournir un service client. Par exemple, les agents répondent aux questions des clients sur un produit, ce qui les rend moins susceptibles de l'abandonner. Shopify Inbox est un outil de messagerie gratuit qui vous permet de communiquer avec les clients pendant leurs achats. Vous pouvez gérer les conversations depuis le chat de votre boutique en ligne, l'application Store, Instagram et Messenger. En fait, 70 % de toutes les conversations sur Shopify Inbox sont liées aux clients effectuant des achats.

Lorsque vous discutez, vous pouvez utiliser les données client en temps réel, telles que les produits consultés, le contenu du panier et les commandes passées, pour personnaliser chaque message. Vous pouvez même recommander des produits et des réductions sans quitter le chat.

4. Offre plusieurs options de paiement

L'une des principales raisons pour lesquelles les clients abandonnent leur panier est le manque d'options de paiement. En proposant plusieurs options de paiement, vous pouvez augmenter les chances de vos clients de réaliser un achat. Veuillez noter que Culture Kings propose diverses options de paiement express dans votre panier. Les acheteurs peuvent choisir entre Shop Pay, PayPal, Google Pay ou Meta Pay et payer avec une carte de crédit ou de débit. Lorsque vous choisissez un système de paiement, tenez compte des pays où votre entreprise est basée et où vivent vos clients. La liste des passerelles de paiement Shopify par pays vous aidera à voir quelles passerelles de paiement sont disponibles dans votre pays cible ainsi que les devises prises en charge. Avec Shopify Payments, vous pouvez éviter le long processus d'activation tiers et configurer votre mode de paiement en un seul clic. Vous pouvez proposer plusieurs options de paiement rapide et même des méthodes de paiement supplémentaires comme les crypto-monnaies.

5. Simplifiez votre processus de commande

Un paiement rapide et facile réduira les abandons de panier et récupérera les ventes perdues. En fait, selon des données récentes, deux consommateurs sur trois prévoient d'utiliser la caisse en quatre minutes ou moins.

Installez le side-car pour un accès facile au panier. Vous pouvez voir que Kylie Cosmetics utilise un panier secondaire qui permet au navigateur de parcourir ses produits, de choisir des échantillons gratuits et de voir les meilleures ventes.

Une fois sur la page de paiement, les clients peuvent sélectionner « Régler en magasin » et payer rapidement leur achat. Tous leurs détails sont enregistrés, la commande ne prend donc que quelques secondes.

Pour activer Shop Pay,

Dans votre interface administrateur Shopify, accédez à Paramètres > Paiements. Dans Shopify Payments, cliquez sur Gérer.

Dans la rubrique « Payer en magasin », cochez la case « Payer en magasin ». Cliquez pour enregistrer".

Vous pouvez également ajouter un paiement invité à votre boutique. Les résultats de l'enquête sur les achats en ligne de Capterra en 2022 montrent qu'environ 43 % des consommateurs préfèrent payer en tant qu'invités.

6. Utilisez des fenêtres contextuelles avec une intention de sortie

Les pop-ups encouragent les visiteurs du site Web et les clients potentiels à agir avant de quitter le site. En utilisant ces fenêtres contextuelles, vous pouvez proposer des codes de réduction ou la livraison gratuite aux clients qui sont sur le point d'abandonner leur panier.

Selon OptiMonk, les popups de panier abandonné ont un taux de conversion moyen de 17,12 %. La marque de beauté Truly utilise Privy pour afficher des popups gagnant-gagnant avant de quitter son site. Vous pouvez gagner un produit gratuit ou à prix réduit simplement en faisant tourner la roue, augmentant ainsi vos chances de conversion. C'est aussi une expérience utilisateur ludique et simple qui profite aux clients potentiels.

Avec les applications Shopify comme Privy, vous pouvez suivre les mouvements des visiteurs sur la page et déclencher un événement (comme une fenêtre contextuelle ou un spin-to-win) lorsque vous détectez un visiteur sur le point de quitter Go. Il fournit également des modèles pour créer rapidement des fenêtres contextuelles, des tests A/B automatisés pour voir quelles fenêtres contextuelles fonctionnent le mieux et des outils pour développer votre liste de diffusion. Vous pouvez également ajouter des produits directement à votre compte personnel, synchroniser les offres de coupons avec votre campagne, et bien plus encore.

7. Diffusez des publicités de reciblage

La plupart des gens n'effectueront pas d'achat la première fois qu'ils visiteront votre site Web.

Selon Unbounce, les boutiques en ligne ne génèrent en moyenne qu'environ 5,2 % de leur trafic. Les publicités de reciblage sont diffusées auprès des personnes qui ont laissé quelque chose dans leur panier et les encouragent à revenir acheter le produit.

Les abandonnants de panier sont un excellent groupe à recibler car ils se trouvent plus profondément dans l'entonnoir de conversion. Parfois, ils veulent simplement une incitation comme une réduction ou une livraison gratuite.

« Nous voulons les ramener [abandonnés]. Nous ne voulons pas les renvoyer vers l'ancienne page produit. Nous voulons leur montrer ce qu'il y a dans leur panier lorsqu'ils l'abandonnent. Nous souhaitons les rediriger vers les produits qu'ils ont réellement ajoutés à leur panier.

Voici quelques applications pour afficher et optimiser les publicités de retargeting sur Google et autres réseaux sociaux.

Marketing et publicité AdRoll

Publicité sur Google, Facebook et Instagram par Sixads

Rontar Group OU Retargeting des verbes

8. Établissez la confiance lors de la réalisation de la transaction

Le message de confiance va au-delà du logo de sécurité et de la politique de confidentialité à côté du bouton « Terminer la commande ». Dans certains cas, cela signifie offrir plus de transparence lorsqu'on demande aux visiteurs de prendre des décisions. Prenons par exemple cette section sur les méthodes d'expédition :

En y regardant, vous ne savez pas combien de temps il faudra pour recevoir votre commande. « Expédition standard » ne précise pas combien de temps cela peut prendre, et le texte ci-dessus vous encourage en fait à ignorer le paiement et à voir combien de temps il faudra pour recevoir votre article. Cependant, en modifiant le texte pour rendre la section Méthodes d'expédition plus transparente, les visiteurs disposeront de toutes les informations dont ils ont besoin pour prendre une décision et pourront donc être sûrs qu'ils feront leur choix. Faites le bon choix selon votre situation.

De plus, la plupart des fournisseurs de logistique tiers (3PL), en particulier ceux qui s'intègrent directement à Shopify Plus, peuvent automatiser les dates de livraison estimées.

9. Utilisez la preuve sociale

Une autre façon d'instaurer la confiance consiste à utiliser la preuve sociale sur vos pages de produits. Vous pouvez utiliser les avis des clients pour prouver que votre produit fonctionne réellement et vaut l'argent de l'acheteur.

Par exemple, Parte Foods propose des avis clients spécifiques et un flux d'avis que les clients peuvent parcourir.

10. Retours faciles

La National Retail Federation rapporte que la marge bénéficiaire moyenne en 2022 est de 16,5 %. Les retours sont souvent compliqués et créent des frictions dans le parcours client, poussant les gens à laisser des articles dans leur panier. Avoir un système en place pour gérer les retours de clés. "Lorsque les acheteurs savent qu'ils peuvent récupérer leur argent aussi facilement qu'ils peuvent le dépenser, ils achètent et dépensent avec plus de confiance", a déclaré Sanaz Hajizadeh, ancien directeur de la gestion des produits chez Happy Returns. plus".

La solution de retours en libre-service de Shopify vous permet de gérer facilement tous les retours et remboursements dans votre magasin.

Il s'agit d'un outil gratuit et intégré que vous pouvez utiliser pour centraliser les retours, automatiser les notifications, créer des étiquettes d'expédition et réapprovisionner les stocks. La fonctionnalité libre-service de Shopify vous permet également de fournir aux clients des informations complètes sur l'état de leur retour du début à la fin.

11. Envoyer des notifications push

Le taux de clics moyen pour les notifications Web push est de 12 %. Grâce aux notifications push, vous pouvez convertir les visiteurs anonymes d'un site Web en abonnés sans avoir à fournir d'informations personnelles telles que des adresses e-mail ou des numéros de téléphone. S'ils abandonnent leur panier, vous pouvez leur envoyer une autre notification push les encourageant à revenir et à effectuer un achat.

Vous pouvez facilement configurer et gérer des campagnes de notifications push avec l'application PushOwl Shopify. Essayez-le aujourd'hui, gratuitement pendant 14 jours. Les forfaits payants commencent à 19 $ par mois. Dites adieu aux paniers abandonnés dans votre boutique Shopify

Il est facile d'oublier que les acheteurs analysent chacun de leurs mouvements lorsqu'ils arrivent à la caisse. Comme le succès dans n'importe quel domaine de la vie, tout se résume à des principes solides et éprouvés. Chaque champ, chaque morceau de texte, chaque logo est soigneusement examiné et traité, même si ce n'est qu'inconsciemment, surtout s'ils n'ont jamais acheté chez vous auparavant.

En comprenant cela, si vous cherchez activement à réduire la peur, à accroître la confiance et à valider les raisons pour lesquelles les gens choisissent d'acheter chez vous, vous pouvez encourager davantage de personnes à passer de la commande à l'achat et à devenir de vrais clients.

MISE EN ŒUVRE D'OPTIONS DE PAIEMENT SÉCURISÉ POUR CONSTRUIRE LA CONFIANCE

La confiance des clients est importante dans le secteur du commerce électronique : 88 % des consommateurs déclarent qu'ils sont les plus susceptibles d'acheter à nouveau auprès des marques en lesquelles ils ont le plus confiance. Cependant, à mesure que les motivations des clients évoluent, leurs attentes à l'égard de l'entreprise changent également. Comprendre ce qui intéresse vos clients et l'impact que cela aura sur leur niveau de confiance en vous est essentiel pour garder une longueur d'avance sur la concurrence.

Je gère une boutique en ligne depuis longtemps et au fil des années, j'ai beaucoup appris sur la manière de renforcer la confiance des clients. Dans ce chapitre, je vais vous montrer les caractéristiques et fonctionnalités que vous devez offrir pour convaincre les nouveaux visiteurs que vous pouvez faire confiance à votre marque.

Augmentez la confiance des clients avec un processus de paiement simple

Les défis pour instaurer la confiance sur un site de commerce électronique

Les produits en ligne ne sont pas toujours ce qu'ils semblent être et de nombreuses personnes ont été déçues par ce qu'elles ont acheté en ligne. Dans certains cas, les clients sont même victimes d'escrocs qui prennent leur argent et ne livrent pas les biens ou services promis.

C'est pourquoi il est si difficile d'instaurer la confiance sur un site de commerce électronique. Les clients se méfient des entreprises inconnues, surtout s'ils les trouvent via des moteurs de recherche Internet plutôt que via des recommandations personnelles.

Pour garder les clients sur votre site, vous devez commencer à bâtir leur confiance dès le premier instant où ils visitent votre site et leur donner continuellement des raisons de rester. Les facteurs clés pour renforcer la confiance des clients comprennent les badges de sécurité, les options de paiement familières, une image de marque cohérente et une expédition rapide et traçable.

10 façons de renforcer la confiance sur votre site de commerce électronique

1. Faites une bonne première impression

Au premier coup d'œil, il est facile de savoir si un site Web est de bonne qualité ou non. Pour impressionner les clients potentiels, votre site Web doit être moderne et respecter les meilleures pratiques d'utilisation. Il doit également être adapté aux appareils mobiles. La vitesse de chargement des pages est également importante pour faire une bonne première impression en ligne. Pour une entreprise établie, l'une des tâches les plus importantes est l'amélioration continue. Vous devriez vérifier votre site Web et voir s'il est temps d'effectuer une mise à jour. Pour rester à jour, vous souhaiterez peut-être mettre à niveau votre créateur de site Web vers une page personnalisée ou ajouter de nouvelles fonctionnalités.

2. Acceptez de nombreux modes de paiement

Il est important d'instaurer la confiance pendant le processus de paiement, et l'acceptation de plusieurs modes de paiement peut y contribuer. Si vous n'offrez que des options de paiement limitées ou si les options que vous proposez ne semblent pas sécurisées, vous êtes sur le point d'abandonner votre panier. Les clients potentiels sont peut-être nouveaux pour votre marque, mais la possibilité de payer en choisissant leur mode de paiement préféré les aidera à finaliser leur commande.

3. Offre plusieurs options de livraison

Vous devez vous associer à des transporteurs de confiance et proposer différentes options de livraison afin que les clients aient confiance dans votre processus de livraison. Certains clients sont prêts à payer plus pour la rapidité et s'attendent à ce que tout magasin réputé propose la livraison express. Proposer cette option peut donc vous aider à bâtir votre réputation. D'autres clients peuvent apprécier de recevoir leur commande à un certain jour et à une certaine heure, une option de livraison programmée peut donc également être avantageuse. Fournir des services de livraison vers des destinations ou s'associer à des services de logistique verte sont deux autres options que vous pouvez proposer pour répondre aux besoins de différents publics et gagner la confiance de beaucoup. Le recours à des coursiers capables de fournir une traçabilité aux clients peut également contribuer à instaurer la confiance. De nombreux clients apprécient de pouvoir savoir où se trouve leur colis et quand ils peuvent s'attendre à ce qu'il soit livré.

4. Fournit un accès facile aux informations de facturation et d'expédition.

Avant que les clients effectuent un achat sur votre site, ils doivent comprendre leurs options d'expédition et de paiement. Vous devez inclure les informations d'expédition directement sur la page de votre produit afin que les clients n'aient pas à chercher. Il est également courant d'afficher des icônes des moyens de paiement que vous acceptez en bas de la page d'accueil ou en pied de page de votre site Internet.

La transparence du paiement et de la livraison peut renforcer la confiance, et si vous travaillez avec des noms que les consommateurs connaissent déjà et en qui ils ont confiance, cela peut accroître leur confiance en vous.

5. Publier les détails du produit

Pour que les clients se sentent suffisamment en confiance pour effectuer un achat, vous devez fournir autant d'informations que possible sur le produit. Non seulement cela démontre votre connaissance du produit, mais cela montre également que vous êtes prêt à être franc sur ce qu'ils peuvent et ne peuvent pas faire. Voici quelques bons domaines à inclure dans vos descriptions de produits :

- o Que fait le produit ?
- o Quelles sont ses limites ?
- o De quoi est-ce fait?
- o Quelle est sa taille?
- o Comment sera-t-il utilisé ?

o Combien de temps faut-il pour faire ça ?

o Facile à maintenir

o Instructions de stockage

o Description du contenu

Des images de produits de haute qualité sont également importantes. Prenez des photos de chaque article sous différents angles et gros plans pour montrer la qualité, les matériaux et les détails. Pensez à ajouter une photo avec un fond simple qui montre le produit et sa photo dans l'environnement souhaité. Vous pouvez également placer des photos de produits à côté d'objets courants pour indiquer leur taille.

6. Utilisez des applications de sécurité. Utilisez des applications qui ajoutent une couche de sécurité supplémentaire et affichent des badges de sécurité sur votre boutique, tels que le badge Shopify Secure ou le plugin Shopify TrustedSite Trust Badges.

7. Utilisez les réseaux sociaux

Le marketing sur les réseaux sociaux peut contribuer à renforcer la confiance en ajoutant une touche humaine à votre marque. Vous pouvez l'utiliser pour communiquer avec votre public, fournir des mises à jour, publier des avis clients, organiser des concours, etc.

Parler ouvertement avec votre public contribuera à solidifier votre réputation en tant qu'entreprise légitime.

8. Concentrez-vous sur le service client

Le service client est un domaine au potentiel de croissance et d'amélioration pratiquement illimité. Embaucher davantage de personnel est un point de départ naturel pour améliorer votre temps de réponse. Vous pouvez également embaucher un nouveau type d'employé : les chatbots à intelligence artificielle. De nombreux sites de commerce électronique à succès les utilisent pour aider les clients à naviguer sur leur site, automatiser les demandes de service client de bas niveau et transmettre les demandes de niveau supérieur.

Un chatbot IA peut être formé sur tous les textes et informations de votre site Web afin de pouvoir diriger les visiteurs vers des produits ou des pages d'informations spécifiques sans avoir à naviguer dans les menus pour les trouver. Il peut également fournir une assistance 24h/24 et 7j/7 dans plusieurs langues.

9. Afficher les avis des clients

Lorsque les visiteurs du site Web constatent que d'autres clients sont satisfaits de leurs commandes, ils seront plus susceptibles de vous faire confiance.

Cependant, les avis payants sont devenus populaires sur les principaux sites de commerce électronique, ce qui a réduit la confiance des consommateurs dans les avis et les témoignages. Pour lutter contre cela, les marques se tournent vers les réseaux sociaux et incluent de vraies publications de vrais clients sur leurs sites Web.

Vous pouvez encourager les clients à partager leurs expériences positives en organisant des concours ou en offrant des réductions.

10. Soyez transparent

Les consommateurs sont de plus en plus conscients de la manière dont les entreprises fonctionnent et fabriquent leurs produits. Les clients veulent être sûrs qu'ils ne contribuent pas à des pratiques néfastes, qu'il s'agisse de problèmes environnementaux ou de conditions d'emploi et de travail.

Il est important de parler ouvertement de vos produits et de la façon dont ils sont fabriqués. Cela peut inclure la fourniture d'informations sur les matières premières ou les ingrédients et les types de processus de fabrication dans lesquels vous êtes impliqué.

L'étude de Label Insight montre que 94 % des consommateurs préfèrent les marques qui pratiquent la transparence, et au moins deux tiers sont prêts à dépenser plus pour acheter auprès d'une entreprise transparente. Un autre élément de transparence est la justification de ce que vous faites et des changements que vous apportez en tant qu'entreprise.

Que vous fassiez une annonce publique positive, négative ou neutre, si vous ne révélez pas vos raisons, cela peut donner lieu à des soupçons et à des rumeurs sur vos intentions. Pour accroître la confiance dans votre marque, il est important de donner aux clients les informations dont ils ont besoin afin qu'ils puissent acheter en toute confiance chez vous.

Construire la confiance avec les consommateurs augmente les conversions et crée des clients fidèles. Adopter la bonne approche, publier des informations détaillées, proposer plusieurs options de paiement et d'expédition et fournir un service client de haute qualité

sont des domaines dans lesquels vous pouvez travailler
pour instaurer la confiance.

8

Tirer parti des analyses et des données pour la croissance

UTILISER LES OUTILS D'ANALYSE DE SHOPIFY POUR SUIVRE ET ANALYSER LES PERFORMANCES

Shopify propose des outils intégrés de reporting et d'analyse qui permettent aux commerçants de suivre et d'analyser les performances des magasins. Ces outils aident les commerçants à comprendre les visiteurs, à analyser les mesures de performances et à suivre la croissance du magasin. Les outils d'analyse de Shopify permettent aux commerçants de suivre le comportement des clients, tels que les habitudes de navigation et d'achat, et de mieux comprendre leurs intérêts, leurs données démographiques et leurs problèmes. Les rapports intégrés de Shopify sont simples, conviviaux et ne nécessitent pas beaucoup de connaissances techniques pour être utilisés. Voici les étapes pour accéder aux analyses Shopify :

1. Connectez-vous à votre boutique Shopify et sélectionnez Analytics dans le menu de gauche. 2. Par défaut, la répartition affiche les données d'aujourd'hui et d'hier. 3. Facultatif : toutes les mesures ne sont pas rapportées et vous devez utiliser le plan Shopify qui fournit des rapports détaillés. Si la métrique comporte un lien Afficher le rapport, cliquez dessus pour afficher des informations plus détaillées sur la métrique.

Les outils d'analyse de Shopify fournissent des informations précieuses sur le comportement des clients, notamment les données démographiques, les sources de référence et les habitudes d'achat. Ces informations aident les vendeurs à optimiser leurs campagnes marketing et à améliorer l'expérience client globale. Les outils de reporting de Shopify permettent aux commerçants de suivre les niveaux de stocks et la rotation des stocks, les aidant ainsi à optimiser la gestion des stocks et à garantir qu'ils ont toujours les bons produits en stock. La boutique d'applications Shopify propose également de nombreuses applications d'analyse qui offrent des fonctionnalités avancées de reporting, de segmentation et de visualisation de données. En utilisant des outils et des fonctionnalités d'analyse, les commerçants peuvent mieux comprendre les différents aspects de leur activité, prendre des décisions basées sur les données et optimiser les performances de leur magasin.

IDENTIFIER LES INDICATEURS CLÉS ET LES APERÇUS POUR OPTIMISER LA CROISSANCE DES VENTES

Si votre entreprise obtient les meilleurs résultats de ventes trimestriels, votre premier réflexe sera probablement de faire beaucoup de poings. Mais nous arrivons ensuite à la question importante : qu'est-ce qui a rendu ce trimestre si réussi ? La réponse peut être trouvée en analysant les données de ventes sur la base de mesures spécifiques. Vous prendrez ces mesures de vente importantes, les étudierez et créerez des informations utiles pour les décisions commerciales futures. Voici comment vous pouvez suivre les ventes actuelles, effectuer une analyse des ventes et prendre des décisions fondées sur des données pour votre propre petite entreprise.

Qu'est-ce que l'analyse des ventes ? L'analyse des ventes est la méthode de collecte d'informations analytiques à partir des données de vente, des tendances et des mesures pour définir des objectifs et prédire les performances commerciales futures.

Par exemple, vous pouvez comparer le chiffre d'affaires annuel avec les données de ventes historiques de votre entreprise et identifier les tendances à la hausse ou à la baisse. De même, vous pouvez vérifier la valeur moyenne d'achat des clients ou le taux de conversion des prospects de votre commercial, puis comparer les résultats réels avec les performances attendues. L'objectif est d'utiliser les informations sur les tendances des ventes pour développer une stratégie de vente basée sur les données. Tous les membres de l'organisation commerciale sont parties prenantes du processus et partagent le même objectif : augmenter les revenus.

Pourquoi les entreprises doivent-elles suivre les analyses des ventes ? Les entreprises, grandes et petites, utilisent des outils d'analyse des ventes pour comprendre leur activité. L'analyse des ventes vous permet d'analyser les habitudes d'achat des clients, les performances des produits et les performances de l'équipe commerciale. Armés d'analyses des ventes, les commerciaux, les spécialistes du marketing et les chefs de produits peuvent élaborer des stratégies pour les initiatives futures et améliorer les efforts de vente et de marketing pour l'ensemble de leurs produits.

En tant que propriétaire d'une petite entreprise, vous disposez peut-être de ressources limitées pour financer vos activités de vente et de marketing. En collectant des informations sur les ventes, vous pouvez maximiser ces ressources. Par exemple, un outil d'analyse des ventes peut analyser le trafic de votre site Web et découvrir que votre boutique en ligne enregistre la plupart des achats sur les ordinateurs Microsoft Windows tout au long de la journée. Cela pourrait vous amener à croire que de nombreuses personnes achètent vos produits pendant qu'elles sont au travail. Vous pouvez ensuite concentrer votre entonnoir de vente sur l'attraction de prospects rentables - par exemple, en achetant des publications sponsorisées sur des réseaux sociaux orientés entreprise comme LinkedIn, ou en tirant parti des opportunités de ventes croisées avec des fournisseurs B2B. Si, à un moment donné, vous remarquez que les ventes de vos produits diminuent, vous pouvez également utiliser l'analyse pour changer de cap et essayer quelque chose de nouveau.

8. Indicateurs de vente importants pour les boutiques en ligne

Quelle que soit la plateforme de veille commerciale que vous utilisez, huit indicateurs clés vous fourniront des informations précieuses sur vos ventes actuelles et vous aideront à prédire les ventes futures.

1.Valeur moyenne des commandes

La valeur moyenne des commandes est une mesure qui montre combien les gens dépensent lors d'une visite typique de votre boutique en ligne. Ce montant peut être trouvé en divisant le chiffre d'affaires total généré par le nombre total de ventes au cours d'une période donnée. Lorsque vous prévoyez les ventes, vous pouvez supposer que les futurs clients dépenseront le même montant en achats que vos clients actuels. La valeur moyenne des commandes est particulièrement utile comme facteur de calcul de la valeur à vie du client.

2.Valeur à vie du client (CLV)

La valeur à vie du client est le montant d'argent attendu qu'un client donné dépensera avec votre entreprise au cours de sa relation avec votre entreprise. Vous commencez par examiner combien ils ont dépensé avec vous au cours des cycles de vente précédents, puis utilisez l'analyse prédictive pour estimer combien ils pourraient dépenser au cours de chaque cycle de vente futur.

3.Augmenter le chiffre d'affaires

Le taux de croissance des ventes prend en compte les rapports de ventes sur une longue période. Comparez les données historiques avec les données de ventes actuelles pour déterminer dans quelle mesure les ventes ont augmenté ou diminué au fil du temps. Vous pouvez stimuler la croissance des ventes en élargissant votre clientèle, en élargissant vos canaux de vente et en introduisant de nouveaux produits.

4.Performances du produit

Le Product Performance Score répartit les ventes par produit. Ceci est utile car le chiffre global d'un rapport de ventes ne raconte pas toujours toute l'histoire. Les revenus de votre entreprise peuvent être répartis également entre tous les produits qu'elle vend, ou un produit peut générer la majorité des revenus tandis que d'autres SKU sont à la traîne. Savoir quels produits se vendent le mieux vous permet d'allouer vos ressources marketing de manière appropriée.

5.Taux de conversion des leads

Les références vers votre boutique en ligne sont appelées leads. La conversion de leads se produit lorsqu'un lead mène à une vente réelle. Le taux de conversion des prospects peut révéler des informations sur l'expérience client lorsque les utilisateurs visitent votre site Web ou parcourent votre boutique en ligne. Vous pouvez déterminer si vous convertissez suffisamment de prospects et si vous souhaitez améliorer quelque chose, vous pouvez approfondir l'optimisation du taux de conversion pour obtenir de meilleurs résultats.

6.Pourcentage du chiffre d'affaires

Votre taux de vente est le taux auquel vous pouvez vendre votre inventaire. Pour déterminer votre taux de rotation trimestriel, divisez la quantité de stocks vendus au cours d'un trimestre donné par la quantité de stocks achetés au cours de ce trimestre. Si vous ajoutez 1 000 unités et vendez 850 unités, votre ratio de ventes sera de 85 %. Si vous ajoutez 1 000 produits mais n'en vendez que 318, votre taux de vente sera de 31,8 %. Votre objectif de vente variera en fonction de votre secteur d'activité, mais un objectif de 80 % ou plus est idéal.

7.Efficacité des canaux de vente

L'entonnoir de vente de votre entreprise est une série d'interactions client qui convertissent les prospects en clients payants. L'entonnoir de vente commence lorsque les prospects découvrent votre marque et se poursuit lorsqu'ils visitent votre site Web et finissent par acheter vos produits. L'analyse de l'entonnoir de vente va au-delà du comportement des clients sur votre site Web. Vous devrez étudier les performances de vos campagnes publicitaires et de vos publications sur les réseaux sociaux pour découvrir ce qui apporte à votre entonnoir de vente les prospects les plus précieux. Vous pouvez également utiliser l'analyse pour identifier les fuites dans l'entonnoir de vente, c'est-à-dire lorsqu'un prospect commence le parcours client mais ne finalise pas l'achat.

8.Performances du canal de vente

Un entonnoir de vente est un moyen d'organiser et d'enquêter sur les prospects à mesure qu'ils progressent dans l'entonnoir de vente de votre entreprise. L'entonnoir de vente se compose de sept étapes : prospection, qualification des leads, présentation, proposition, négociation et interaction, réalisation de l'opportunité et transaction post-achat. La vitesse de l'entonnoir de vente est la vitesse à laquelle les prospects progressent dans l'entonnoir de vente et deviennent des clients payants. Utilisez l'analyse de l'entonnoir de vente pour suivre l'expérience client et créer des prévisions de ventes et des objectifs de vente en fonction des conditions actuelles.

Comment analyser les données de ventes

Chaque petite entreprise ou propriétaire de boutique en ligne peut analyser ses données de vente. Cela nécessite des objectifs clairs, des outils de collecte de données, des recherches analytiques et une volonté d'apporter des changements. Il s'agit d'un processus divisé en quatre étapes :

Identifier les indicateurs de ventes à analyser

Collecter des données à l'aide d'outils d'analyse

Analysez vos résultats

Appliquez vos découvertes à de futures initiatives

1. Déterminer l'indice des ventes à analyser

Démarrez le processus d'analyse des ventes en sélectionnant les mesures que vous souhaitez étudier. Il peut s'agir de la rapidité des ventes ou de l'efficacité du canal de vente. En vous concentrant sur une mesure spécifique et en n'ayant pas une portée trop large, vous augmentez vos chances d'obtenir des informations exploitables. Par exemple, l'étude d'une campagne publicitaire Instagram spécifique peut fournir des connaissances plus précises que la combinaison de toutes les campagnes sur les réseaux sociaux de l'année écoulée.

2. Collectez des données à l'aide d'outils d'analyse.

Vous pouvez organiser vos données clients à l'aide d'outils tels que Google Analytics, Shopify Analytics, Zoho Analytics ou Microsoft Power BI. Ils peuvent vous aider à suivre le trafic de votre site Web, le comportement des utilisateurs sur votre site Web et votre entonnoir de vente global. Ces outils peuvent également transformer les données en rapports remplis de tableaux et de graphiques, permettant à votre équipe de repérer facilement les tendances de vos données.

3. Analysez vos résultats

Utilisez des données brutes pour analyser les performances de votre entreprise et comprendre comment les clients interagissent avec votre site Web ou votre boutique en ligne. Les analyses fonctionnent souvent mieux lorsque vous comparez deux éléments, comme le trafic d'un site Web sur deux trimestres consécutifs ou les ventes totales de deux produits au même prix.

4. Appliquez vos découvertes à de futures initiatives

Vous constaterez peut-être que le prix de vos produits est trop élevé ou trop bas. Vous remarquerez peut-être que les clients ont tendance à quitter votre site Web à un moment donné de l'entonnoir de vente. Cela peut indiquer un problème d'expérience utilisateur (UX). La véritable valeur de l'analyse des ventes apparaît lorsque vous prenez des mesures pour répondre aux résultats, apporter des modifications, puis réévaluer vos résultats de ventes au fil du temps.

En suivant et en analysant ces indicateurs clés, vous pouvez obtenir des informations précieuses sur les performances de votre magasin et identifier les domaines à améliorer. Vous pouvez ensuite développer des stratégies pour optimiser la croissance des ventes et assurer le succès à long terme de votre entreprise.

PRENDRE DES DÉCISIONS BASÉES SUR LES DONNÉES POUR AFFINER VOS STRATÉGIES DE VENTE

En tant que propriétaire d'une entreprise de commerce électronique, l'une de vos principales préoccupations peut être la fluctuation des ventes.

Cela signifie-t-il que vous ne pouvez pas améliorer vos ventes ? Absolument pas. Selon Statista, d'ici 2024, le nombre d'acheteurs en ligne dépassera les 2,14 milliards. Pour conquérir un marché aussi énorme, vous avez besoin d'une stratégie de vente au détail solide.

Au lieu de stratégies basées sur des conjectures, vous avez besoin d'une approche commerciale basée sur les données pour générer des ventes durables. Découvrez comment améliorer vos ventes en utilisant les données de vente du commerce électronique.

Voici ce que nous allons examiner :

Vente basée sur les données 101

Comment analyser les données de ventes

Réflexions finales : Comment créer une approche de vente basée sur les données pour le commerce électronique

Vente basée sur les données 101

L'accès facile aux données est l'un des avantages importants d'une boutique en ligne. Lors de la vente en ligne, il est facile de collecter des rapports de ventes. Cependant, de nombreuses équipes commerciales en ligne ne réalisent pas le pouvoir des données. "Si vous ne pouvez pas le mesurer, vous ne pouvez pas l'améliorer."

Vos données de vente numériques peuvent mettre en lumière différents aspects du processus de vente.

Par exemple:

problème de vente

Opportunité de marché

prévisions de ventes

Activités commerciales rentables

Produits les meilleurs et les moins efficaces

Une approche de vente basée sur les données utilise les données du commerce électronique pour prendre des décisions commerciales importantes. Avec cette stratégie, vous pouvez prendre des décisions éclairées au lieu de vous fier à des conjectures.

Même si la mise en œuvre d'une approche commerciale basée sur les données n'est pas facile, elle peut être réalisée avec les bonnes méthodes et outils. Examinons les étapes à suivre pour analyser les données de vente afin de permettre une vente basée sur les données.

Comment analyser les données de ventes

Déterminer les objectifs de vente et les indicateurs clés de performance (KPI). Choisissez un ensemble de données de vente qui vous aide à mesurer vos KPI.

Suivez les résultats des ventes et collectez des données.

Analysez les données de vente et obtenez des informations précieuses. Transformez vos découvertes en décisions de vente.

Gardez à l'esprit que vous devrez peut-être répéter ces étapes jusqu'à ce que vous obteniez votre stratégie de vente optimale.

Étape 1 : Déterminer les objectifs de vente et les indicateurs de performance clés

Tout d'abord, vous devez définir clairement vos objectifs commerciaux. Quelles sont vos priorités ? Par exemple, vous souhaiterez peut-être atteindre un certain chiffre d'affaires au cours d'un trimestre. De plus, vous souhaiterez peut-être générer plus de prospects ou améliorer votre taux de conversion. Les KPI ou mesures de vente sont des points de données qui peuvent être facilement obtenus. Ils vous aideront à mesurer les résultats par rapport à vos objectifs. Les entreprises utilisent différents KPI pour mesurer les performances commerciales :

Revenu total pour l'année ou le trimestre

Taux de conversion

Coûts moyens des transactions

Valeur à vie du client

Étape 2 : Choisissez un ensemble de données de vente qui vous aidera à mesurer vos KPI

Le problème du e-commerce n'est pas un manque de données mais bien un excès. Voici quelques mesures importantes de données de ventes de commerce électronique pour votre entreprise que vous voudrez peut-être connaître :

Revenu par mois/an depuis la création

Chiffre d'affaires par produit/catégorie

Revenu par données démographiques

Données spécifiques au client

Collecter et analyser toutes vos données de vente au détail est fascinant. Au moins au début, vous devez donner la priorité à des types spécifiques de données de vente.

Ne vous laissez pas submerger par la quantité de données. Tenez-vous-en aux données qui ont du sens pour vos KPI. Par exemple, la collecte de données sur le nombre d'achats effectués par un client vous aidera à calculer la valeur moyenne des transactions.

Étape 3 : Surveillez vos performances commerciales et collectez des données

Il existe de nombreuses façons de collecter des données sur le commerce électronique, notamment les cookies de sites Web, les registres de ventes en ligne et les systèmes de gestion de la relation client (CRM). Vous devez choisir une méthode pour enregistrer les données de ventes en fonction de la taille de votre entreprise.

Par exemple, les petites entreprises peuvent examiner les transactions de vente et collecter des données à l'aide d'outils simples tels que Microsoft Excel ou Google Sheets.

Plateformes de commerce électronique telles queWooCommerce prend également en charge la collecte automatisée de données de vente viaplugins comme NexcessMoniteur de performance commerciale.

Étape 4 : Analyser les données de vente et en tirer des informations

Le véritable pouvoir des données de commerce électronique vient de l'analyse. L'analyse des données de vente effectue diverses opérations pour rassembler et corréler vos données.

L'analyse des ventes peut aider votre processus de vente en :

- Découvrir les modèles et les tendances des ventes
- Mesurer la performance de la stratégie commerciale actuelle
- Création de prévisions de ventes
- Fournir un aperçu de l'entonnoir de vente

L'analyse des données de commerce électronique vous aide également à diagnostiquer les problèmes dans votre processus de vente. Cela pourrait vous aider à reconnaître des modèles que vous n'auriez peut-être pas remarqués autrement. Par exemple, cela pourrait correspondredésabonnement des clients avec le manque d'inventaire.

L'analyse des données vous aide également à connaître le comportement des clients, comme leurs produits préférés et la fréquence de leurs achats.

L'analyse des ventes, ainsi que les données de marché, vous aideront à générer des leads etmarketing de contenu stratégies.

Il existe plusieurs types deanalyse des ventes à essayer, notamment :

- Descriptif
- Prédictif
- Prescriptif
- Diagnostique

Étape 5 : Traduisez vos informations sur les données en décisions de vente

Une fois que vous avez des informations sur vos modèles de vente et le comportement de vos clients, vous devez les convertir en stratégies concrètes. C'est là que vous mettez en œuvre une approche commerciale basée sur les données.

Grâce aux informations issues de l'analyse des données, vous pouvez créer une approche commerciale basée sur les données qui comprend :

- Meilleure planification des stocks
- Prévisions de ventes précises
- Optimumplacement de produit sur votre site internet
- Offres et campagnes de vente attrayantes

Voici quelques exemples de la façon de traduire l'analyse des données en décisions de vente.

Aperçu de l'analyse des données	Stratégie de soldes
Ventes par catégorie	Allouez plus d'espace aux

de produits/département	produits les plus vendus sur la page de destination de votre site Web
Analyse des produits les plus vendus	Planifier les stocks, les ventes croisées et les ventes incitatives
Analyse des produits sous-performants	Ajusterprix et proposer des offres
Analyse du chiffre d'affaires	Allouer le budget marketing et commercial

9

Faire évoluer et étendre votre magasin

EXPLORER LES OPPORTUNITÉS DE CROISSANCE, TELLES QUE L'ÉLARGISSEMENT DE L'OFFRE DE PRODUITS OU L'ENTRÉE DE NOUVEAUX MARCHÉS

Élargir votre offre de produits ou vous développer sur de nouveaux marchés sont deux façons de développer votre boutique Shopify. Voici quelques opportunités de croissance :

1. Opportunité commerciale en ligne : Il existe de nombreuses opportunités commerciales en ligne telles que le dropshipping, l'impression à la demande, les produits faits à la main, les produits numériques et bien plus encore.

2. Shopify Markets : Shopify Markets permet aux entreprises de vendre à l'échelle mondiale, leur permettant d'ajouter rapidement de nouveaux marchés et de convertir les visiteurs en clients fidèles, tout en gérant tout depuis le tableau de bord Votre valeur Shopify. À mesure que votre entreprise évolue, vous pouvez facilement identifier de nouvelles opportunités de croissance, améliorer votre expérience d'achat local et optimiser votre stratégie de vente internationale.

3. Shopify Capital : Shopify Capital peut aider les petites entreprises à se développer en 2024 en fournissant du financement pour les stocks, le marketing, la gestion des flux de trésorerie, les investissements en équipement, l'expansion des ventes, etc.

4. Composant Shopify Commerce : dernière offre de la marque Shopify, Shopify Commerce Component est une pile composable pour les opérations de vente au détail de votre entreprise. Les grandes marques peuvent désormais

utiliser les composants Shopify en intégrant leurs API backend et leurs vitrines, tandis que les développeurs sont libres de travailler avec les composants dont ils ont besoin, l'écosystème du commerce électronique étant vaste et ignorant les autres composants qui ne sont pas requis.

5. Sept façons de développer votre boutique Shopify : ces méthodes incluent l'ajout de Shopify Payments pour simplifier le processus de paiement, augmenter le trafic avec des audits SEO, convertir le trafic en clients Leads via des tests A/B, devenir mondial avec Shopify Internationalization, un thème personnalisé qui intègre Applications de marketing, d'opérations, d'expédition et de vente de Facebook via Shopify.

6. Expansion internationale : Shopify réalise la majorité de ses ventes en Amérique du Nord, mais l'entreprise s'efforce de se développer à l'international et de fournir des outils de localisation à sa base marchande mondiale.

La plateforme est actuellement disponible dans 20 langues différentes et Shopify Payments s'est étendu à 15 pays. Élargir votre offre de produits ou vous développer sur de nouveaux marchés peut être un excellent moyen de développer votre boutique Shopify, mais il existe également de nombreuses autres opportunités de croissance. En profitant de ces opportunités, les entreprises peuvent développer leurs opérations et attirer de nouveaux clients.

AUGMENTER EFFICACEMENT VOS EFFORTS DE MARKETING ET VOTRE BUDGET

Réussir à faire évoluer les efforts marketing de votre boutique Shopify et votre budget peut être un défi, mais il existe plusieurs stratégies que vous pouvez utiliser pour atteindre cet objectif. Voici quelques conseils:

1. Concentrez-vous sur le backend : cela inclut l'optimisation des processus backend de votre magasin

tels que le marketing par e-mail, la récupération des paniers abandonnés et la fidélisation des clients.

2. Utilisez le marketing par e-mail : le marketing par e-mail est un moyen rentable d'atteindre les clients et de promouvoir des produits. Vous pouvez utiliser des campagnes par e-mail pour informer les clients des nouveaux produits, faire des recommandations de produits personnalisées et récupérer les paniers abandonnés.

3. Utilisez les réseaux sociaux : Les réseaux sociaux sont un outil puissant pour promouvoir votre boutique et attirer des clients. Vous pouvez utiliser les plateformes de médias sociaux comme Facebook, Instagram et Twitter pour développer votre marque, diffuser des publicités et communiquer avec les clients.

4. Investissez dans le référencement : L'optimisation des moteurs de recherche (SEO) est le processus d'optimisation d'un site Web pour améliorer son

classement sur les pages de résultats des moteurs de recherche (SERP). En optimisant le référencement de votre boutique, vous pouvez augmenter votre visibilité et attirer plus de trafic organique.

5. Utilisez le marketing par SMS : le marketing par SMS est un moyen extrêmement efficace de communiquer avec les clients et d'augmenter les ventes. Vous pouvez utiliser des campagnes SMS pour promouvoir de nouveaux produits, proposer des remises et renvoyer les paniers abandonnés.

6. Envisagez les méta-annonces : les méta-annonces sont une nouvelle plate-forme publicitaire qui peut constituer une alternative rentable à la publicité sur Facebook. Meta Ads s'efforce d'améliorer la diffusion et les performances des annonces et a récemment introduit Meta Lattice pour améliorer les performances.

7. Développez un programme de parrainage : les programmes de parrainage sont un excellent moyen

d'encourager les clients à recommander votre magasin à leurs amis et à leur famille. En offrant des récompenses de parrainage, vous pouvez développer votre clientèle et augmenter vos ventes.

8. Offre de livraison gratuite : offrir la livraison gratuite peut être une puissante incitation pour les clients à effectuer un achat. Vous pouvez offrir la livraison gratuite sur certains produits ou pendant certaines vacances pour aider à écouler les stocks ou augmenter les ventes.

9. Créez de meilleures pages de produits : les pages de produits sont la partie la plus importante de votre boutique. En optimisant vos pages de produits avec des photos, des vidéos et des descriptions de haute qualité, vous pouvez augmenter les conversions et augmenter les ventes.

En bref, pour réussir à faire évoluer les efforts de marketing et le budget de votre boutique Shopify, il faut une combinaison de stratégies, notamment l'optimisation des processus back-end, l'exploitation des médias sociaux et du marketing par e-mail, l'investissement dans le référencement et la prise en compte de nouvelles plateformes publicitaires telles que Meta Ads. En mettant en œuvre ces stratégies, vous pouvez augmenter votre visibilité, attirer plus de clients et augmenter vos ventes.

CONSTRUIRE DES PARTENARIATS ET DES COLLABORATIONS POUR AMPLIFIER

Un partenariat de vente au détail est une collaboration entre deux entreprises. Chaque partie s'appuie sur les ressources et la clientèle de l'autre pour augmenter les ventes de ses produits. Alors que le commerce de détail évolue aussi rapidement que le marché actuel, il est plus important que jamais d'innover continuellement et de rechercher de nouvelles opportunités. Une façon d'y parvenir consiste à créer des partenariats avec des marques. Collaborer avec d'autres détaillants peut certainement élargir votre portée et votre attention, mais cela peut également vous exposer à de nouvelles idées et tactiques. Vous pouvez tester ces nouveaux concepts avant de les intégrer pleinement dans votre entreprise. Lorsque cela fonctionne, les premiers utilisateurs sont considérés comme des innovateurs – une étiquette que de nombreux détaillants tentent d'attribuer à leurs marques.

Avantages des partenariats de vente au détail

Rencontrez de nouveaux publics

Il est difficile de promouvoir vos produits, surtout lorsque le marketing en ligne est devenu si saturé. Augmenter le trafic vers un magasin de détail n'est pas une tâche facile. Cependant, un partenariat avec d'autres détaillants vous donne la possibilité d'exploiter leur clientèle fidèle existante.

Procurez-vous-le auprès de la marque de lingerie Thinx. Il admet que les lunettes de soleil sont devenues le nouvel uniforme alors que le confinement dû à la pandémie oblige les gens à rester chez eux. "Nous cherchons à proposer nos sous-vêtements aux détaillants qui cherchent à élargir leur offre ainsi qu'aux magasins spécialisés existants", a déclaré la vice-présidente des partenariats Lindsey Arnold. « Pour cette raison, nous avons rapidement élargi notre offre Amazon, qui comprenait auparavant uniquement Speax by Thinx et Thinx (BTWN), pour inclure notre gamme principale Thinx », a déclaré Lindsey. "Nous avons également recherché de nouveaux partenariats avec des magasins comme Urban Outfitters et Free People, car nous savions qu'ils voulaient améliorer l'expérience."

Établissez les bons partenariats et vous verrez une clientèle croissante associée à une notoriété accrue. Près de la moitié des détaillants voient leurs revenus augmenter grâce aux programmes d'affiliation.

Ressources partagées

"Je n'ai pas le temps pour tout !" » pourrait être la devise de n'importe quel vendeur. Vous souhaitez vous consacrer au marketing, au développement de produits et à l'excellence du service client. Mais vous travaillez avec des ressources limitées, tant en argent qu'en temps. L'avantage des partenariats de vente au détail est que vous pouvez partager des ressources. Vous pouvez tirer parti du personnel d'autres détaillants et les combiner avec des campagnes marketing existantes. C'est une situation gagnant-gagnant pour les deux parties. Vous aurez tous les deux plus de temps pour vous concentrer sur ce que vous faites le mieux avec moins de contraintes de ressources.

Développer les catégories ou les produits

En matière de notoriété, de nombreux détaillants souhaitent commercialiser de nouveaux produits de manière à faire sensation, surtout s'ils entrent dans une nouvelle catégorie. Plus les gens voient vos produits, plus vous avez de chances de vous démarquer des marques de vente au détail existantes. Les partenariats de vente au détail peuvent vous aider à atteindre le public existant d'autres marques du secteur dans lequel vous évoluez. Par exemple, si vous êtes une marque de soins de la peau qui lance une nouvelle ligne de maquillage, un partenariat avec de grands magasins comme Macy's ou Kohls attirera l'attention. vous devez faire en sorte que son nouveau nom soit devenu célèbre.

Augmenter la fidélité des clients

Les clients fidèles contribuent à bâtir une marque forte. Plus les clients reviennent acheter vos produits, qu'ils aient commencé en tant que clients ou partenaires, plus vous réaliserez de bénéfices. Vous n'avez pas besoin de dépenser de l'argent pour des coûts d'acquisition de clients toujours croissants si vous pouvez maintenir les coûts actuels.

De plus, vous avez plus de chances d'attirer de nouveaux clients car vos fans fidèles vous recommanderont à leur famille et à leurs amis. Ce type de stratégie marketing de bouche à oreille génère 6 000 milliards de dollars de ventes annuelles pour les détaillants.

Les partenariats de vente au détail sont d'une grande aide pour accroître la fidélité des clients. Si vos produits sont facilement disponibles et très demandés, les clients existants seront incités à acheter à nouveau, surtout s'ils ont aimé le dernier article qu'ils ont acheté.

Il n'est pas surprenant que 72 % des programmes d'affiliation des détaillants améliorent la fidélisation de la clientèle. La même proportion estime également que leur marque offre un meilleur service client grâce à la collaboration.

Types de coopération de vente au détail

Commercialisation générale

Nous avons mentionné plus tôt que les détaillants disposent de ressources limitées ; Les budgets marketing et publicitaires sont parmi les plus limités. Ces événements ont le potentiel d'attirer de nouveaux clients pour n'importe quel détaillant, mais ils coûtent cher.

Comme alternative moins coûteuse, vous pouvez vous associer à un autre vendeur dont les données démographiques correspondent aux vôtres et lancer une campagne marketing commune. Vous atteindrez tous les deux de nouveaux clients potentiels en soutenant une marque qu'ils connaissent, aiment et en qui ils ont déjà confiance.

Général événements

Le rôle du magasin évolue. Les clients modernes ne veulent pas entrer dans un magasin et se laisser submerger par d'innombrables étagères de produits. D'ici 2025, environ 60 % des acheteurs s'attendent à ce que les marques se concentrent davantage sur les expériences que sur les produits.

Une façon de capitaliser sur cette tendance du commerce de détail expérientiel consiste à collaborer avec d'autres magasins et à organiser des événements communs. Il peut s'agir d'un atelier en magasin ou d'une boutique éphémère générale, qui présentent toutes deux des clients à des partenaires.

Non seulement vous toucherez un nouveau public, mais vous n'aurez pas à payer le coût total de l'événement.

Produits populaires

Ce type de collaboration est plus complexe que les autres dont nous avons discuté. Cependant, lorsque les détaillants unissent leurs forces pour créer de nouvelles gammes de produits, l'incitation des clients de chaque marque à acheter auprès de ce partenaire devient encore plus forte. Si vous optez pour cette voie, expliquez clairement comment fonctionne le partenariat de vente au détail. Découvrez combien chaque détaillant paiera pour créer le produit, quel profit il réalisera sur chaque vente et quelles sont ses responsabilités marketing. La dernière chose que vous souhaitez est de perdre du temps à développer de nouveaux produits pour recevoir un petit pourcentage des revenus de vos partenaires commerciaux.

9 Exemples de partenariats commerciaux

En quête d'idées de collaborations avec d'autres marques ? De Walmart et Target à J.Crew et Dolly, voici neuf exemples de collaborations réussies dans le domaine du commerce de détail.

d'abord. Valentino et Alibaba

Alibaba, le plus grand groupe de commerce électronique chinois, et la marque de mode de luxe Valentino ont collaboré sur un projet unique en son genre : un magasin temporaire en 3D à Pékin.

Le pop-up a non seulement fait la promotion de la ligne Garavani Candystud de Valentino, mais a également fait connaître le Luxury Pavilion de Tmall, un programme de fidélité axé sur les produits de luxe. L'expérience en ligne de Tmall Luxury Pavilion reflète l'expérience en personne de Candystud Factory, comblant le fossé entre l'expérience client en ligne et hors ligne.

Au cours de la dernière décennie, le marché des produits de luxe personnels s'est développé comme un bâton de hockey. En 2020, les consommateurs ont dépensé 49 milliards d'euros en produits de luxe, soit une augmentation de 98 % depuis 2018, date du lancement du partenariat. Cela a aidé Alibaba à s'habituer à l'idée d'acheter des produits de luxe en ligne. En combinant les mondes virtuel et réel avec des pop-ups, les deux marques proposent aux consommateurs une nouvelle façon de faire leurs achats. De plus, alors que la pandémie de Covid-19 a amené une vague de nouvelles marques de luxe sur le marché de détail, ces collaborations sont devenues l'un des principaux moyens d'Alibaba pour rester à la hauteur de la concurrence.

2. Walmart et BuzzFeed

La collaboration ne se limite pas aux deux détaillants. Votre magasin physique peut s'inspirer du partenariat de Walmart avec BuzzFeed's Tasty, une publication sur les recettes, les boissons et le contenu connexe. Ensemble, chaque marque a publié des vidéos présentant de délicieuses recettes achetables pour générer du trafic vers le site de commerce électronique de Walmart. L'un des principaux avantages de travailler avec des marques est la possibilité d'élargir rapidement votre ensemble d'outils et votre expertise. Au lieu de chercher à créer lui-même de telles vidéos et à devenir populaire sur les réseaux sociaux, Walmart s'est tourné vers des experts pour profiter du travail qu'ils avaient accompli et de l'expérience qu'ils avaient accumulée. Non seulement cela garantit que vous serez satisfait du produit fini, mais cela vous fera également économiser du temps et de l'argent que vous auriez autrement dû investir vous-même.

3. J.Crew et WeWork

J.Crew, WeWork et LinkedIn se sont associés pour créer une série de boutiques éphémères et éphémères destinées aux entrepreneurs et aux travailleurs non traditionnels, un segment clé de la clientèle des trois entreprises. Au cours de la série, qui s'est déroulée dans plusieurs villes des États-Unis, des experts ont partagé leurs points de vue sur ce que signifie le succès et comment y parvenir. Le partenariat a du sens pour J.Crew. Dans le but d'atteindre leur public professionnel amateur de vêtements, ils ont décidé de jouer au jeu B2B plus qu'à l'approche B2C typique. Du point de vue de J.Crew, cela signifie travailler avec une marque qui comprend déjà la vente au détail et la collaboration efficaces. En se connectant aux 774 millions d'utilisateurs de LinkedIn, J.Crew a élargi sa portée et a établi la marque en tant qu'organisation professionnelle. Le troisième partenaire, WeWork, n'est pas étranger au commerce de détail et réalise de grands progrès dans le secteur, notamment à New York, où les clients peuvent travailler et faire leurs achats sous un même toit.

4. Magazines maison et Pinterest

J.Crew n'est pas le seul détaillant à utiliser les collaborations sur les réseaux sociaux pour atteindre de nouveaux publics et créer du buzz. Home Depot et Pinterest sont un excellent exemple de partenariat qui suit la voie B2C plus traditionnelle.

Home Depot a créé une série d'icônes intégrées pour montrer aux acheteurs non seulement les produits dont ils ont besoin pour leurs projets de rénovation domiciliaire, mais également comment les utiliser. Grâce à des articles, des images, des vidéos pédagogiques et pratiques, Home Depot a permis à ses clients d'utiliser ses produits pour réaliser d'étonnants projets de bricolage. Les deux marques ont ensuite travaillé ensemble pour améliorer Shop the Look sur Pinterest. Home Depot a mis en ligne 100 000 produits de décoration intérieure sur la plateforme. Face à la concurrence féroce de Lowe's, notamment dans le secteur de l'ameublement, Home Depot doit trouver des moyens d'améliorer ses activités et d'atteindre davantage de consommateurs - moins d'entrepreneurs et plus de propriétaires sont plus pratiques.

Alors que Lowe's continue de trouver l'équilibre parfait entre utilité et créativité dans ses campagnes sur les réseaux sociaux, Home Depot s'est immédiatement tourné vers la source pour exploiter les médias sociaux à sa manière.

5. Baril, baril et chariot

L'application mobile Dolly et le détaillant d'articles pour la maison Crate and Barrel sont un autre exemple de partenariat innovant. Dolly est une application qui vous permet de trouver des services de déménagement et de livraison de meubles. Les deux marques se sont associées pour proposer la livraison de meubles aux clients de Crate and Barrel et du magasin sœur Land of Nod. Crate and Barrel a utilisé ce partenariat pour vendre aux clients la solution complète, et pas seulement le produit. Certains clients n'ont peut-être pas les moyens de ramener des objets volumineux à la maison ; Si un détaillant peut fournir ce service, cela améliorera l'expérience client globale. Cela atténue également les soucis d'achat quant à la manière dont le client ramènera le produit à la maison.

De plus, Crate and Barrel a tenté de réduire les délais de livraison des meubles en utilisant un service qui disposait déjà de l'infrastructure nécessaire pour répondre à la demande des consommateurs et qui semblait être un innovateur dans le domaine. Nos partenaires bénéficient du fait de faire savoir aux clients qu'ils innovent dans le secteur de la livraison pour rendre la livraison plus pratique, accessible et plus facile à utiliser.

6. Nordstrom et 11 Honoré

Le grand magasin Nordstrom n'est pas étranger aux partenaires détaillants. Dans le passé, la société s'est associée à des marques de vente directe au consommateur (DTC) telles que Glossier, Casper, Boy Smells et Everlane. Nordstrom s'est récemment associé à 11 Honoré pour proposer des vêtements grande taille à ses clients. « L'engagement de Nordstrom en faveur de l'inclusivité s'aligne parfaitement avec notre mission en tant que premier détaillant de grande taille, et nous sommes très enthousiastes », a déclaré Patrick Herning, PDG de 11 Honoré. ravi que la collection 11 Honoré soit accessible à davantage de femmes via les canaux de vente au détail Nordstrom.

Le partenariat de Nordstrom avec 11 Honoré n'est qu'une étape vers l'élargissement de son offre de produits. Au cours des cinq prochaines années, le grand magasin prévoit d'élargir sa gamme de produits de 300 000 à 1,5 million de produits.

7. Adidas et Peloton

La marque d'équipement de fitness Peloton s'est associée à Adidas pour lancer une nouvelle ligne de vêtements. La collection vise à fédérer les clients des deux marques - la campagne a été lancée juste à temps pour 2021, lorsque les défis de la pandémie ont obligé les gens à faire de l'exercice à la maison. "Les instructeurs Peloton ont aidé à concevoir eux-mêmes les modèles", a déclaré Steven Light, copropriétaire de Nolah Mattress, qui a déclaré que la collection - qui comprend des tailles jusqu'à 2XL et des styles unisexes - vise à promouvoir l'inclusivité et la communauté. "C'est une excellente initiative de favoriser des communautés de fitness connectées à une époque où les gens se sentent déconnectés du monde et les uns des autres."

Le timing de la campagne était parfait et les deux marques fortes formaient un partenariat parfait car elles n'étaient pas des concurrents directs mais vivaient dans le même créneau du fitness et ajoutaient de la valeur à leur image. Stephen Light, copropriétaire de Nolah Mattress

8. Tentes extérieures et équipement guano

Les campagnes de co-marketing sont très efficaces pour attirer de nouveaux clients sans avoir à investir massivement dans du marketing payant. Prenons l'exemple de Gianluca Boncompagni, fondateur d'Off Road Tents, qui mène des campagnes marketing conjointes annuelles. L'entreprise s'est récemment associée à Guana Equipment pour organiser un concours de tentes sur le toit. Pour courir la chance de gagner, les participants doivent fournir leur adresse e-mail et leur numéro de téléphone.

"En 30 jours, nous avons collecté plus de 7 000 e-mails et numéros de téléphone portable", a déclaré Gianluca. "Nous considérons cela comme un succès car le partenariat nous a apporté de nombreux abonnés précieux par e-mail et SMS qui ont fini par acheter d'autres tentes à prix réduit pour participer !"

9. Cible et LEGO

Target n'est pas étranger aux partenariats de vente au détail. Le détaillant à grande surface s'est récemment associé à la marque de jouets pour enfants LEGO pour créer une gamme exclusive de produits vendus dans ses grands magasins. La collection de 300 SKU comprend des décorations pour la maison, des vêtements et des cadeaux de vacances sur le thème LEGO. Lors du lancement d'une nouvelle gamme de produits, le temps presse. Bien que le partenariat ait été annoncé en octobre 2021, les produits n'étaient disponibles en magasin que juste avant Noël. Les clients qui visitaient son grand magasin étaient dans l'esprit d'acheter des cadeaux de Noël à cette époque.

Faites en sorte que les partenariats de vente au détail fonctionnent pour votre magasin

Voici quelques excellents exemples de partenariats de vente au détail pour vous inspirer, mais ils ne constituent pas une liste exhaustive de réussites. Il existe des centaines d'exemples passés et existants de partenariats entre grands et petits détaillants.

Vérifiez les eaux en vous associant aux magasins physiques locaux de votre région. Organisez des campagnes marketing communes, faites la promotion de vos produits dans chaque magasin pour augmenter les ventes et organisez des événements communs pour augmenter le trafic. Vous pouvez toujours développer ces relations de vente au détail grâce à des initiatives plus vastes.

"Merci d'avoir lu ! Si vous avez apprécié ce livre ou l'avez trouvé utile, j'apprécierais grandement que vous preniez un moment pour partager une brève critique sur Amazon. Votre soutien compte vraiment, et j'ai personnellement lu toutes les critiques pour recueillir vos commentaires. , dans le but d'enrichir et d'améliorer encore ce livre.

Merci encore pour votre soutien!"